Lobpreis der göttlichen Gnade

Lobpreis der göttlichen Gnade

Aus den Schriften der hl. Gertrud von Helfta

Herausgegeben von
Schwester Luitgard Große
mit einer Einleitung von
Dr. Franz Schrader
in der Übersetzung von
Dr. Reinhard Krug

benno

Kirchliche Druckerlaubnis: Dresden, den 6. Juni 1991
Georg Hanke, Generalvikar

ISBN 3-7462-0601-4

Einführung zu:
»DER GESANDTE DER GÖTTLICHEN LIEBE«
von der hl. Gertrud der Großen.

1. Liturgie – Heilige Schrift – Regel Benedikts.

Die heilige Gertrud lebt aus der Liturgie; sie ist ihr Lebenselement, die Luft, die sie atmet, die Atmosphäre, die sie umgibt. Mehrmals am Tag betet sie mit ihren Mitschwestern im Chor das Offizium, das Gebet der Kirche. Es ist das Gotteslob, das der Priester mit der Gemeinde in der Eucharistiefeier und der Konvent im Stundengebet dem himmlischen Vater darbringt. Lob, Dank, Bitte und Klage erklingen vor Gott.

Die Liturgie ist für unsere Heilige die Mitte ihres Lebens, der Mitvollzug der Heilsgeheimnisse ist Ausgangspunkt ihrer Offenbarung. Ihre Erleuchtungen und mystischen Erlebnisse gründen im bewußten Mitfeiern der Liturgie. Indem sie sich intensiv mit den liturgischen Texten beschäftigt, sie überdenkt und meditiert, sucht sie in die in ihnen enthaltene Heilswirklichkeit einzudringen. Die Worte der Schrift und der Liturgie sind für sie Zeichen der Selbstmitteilung Gottes, die sie zu erkennen und zu erforschen sucht. Psalmen, Wechselgesänge usw. bilden den Hintergrund für die persönliche Zuwendung Christi zu ihr.

Die Liturgie und das erlebte Gotteswort prägen ihre Frömmigkeit. Ihr Glaube geht immer wieder in Schauen über. Diese enge Beziehung zur Liturgie ist kennzeichnend für ihre Mystik; durch die Liturgie wird sie zu den erhabensten Höhen der Beschauung emporgehoben. Vertraut mit dem Mysterium des eucharistischen Opfers, schaut sie den Herrn in der Liturgie des Himmels und beim Opfer der Kirche. Sie schaut den menschgewordenen Gottessohn, der ihr sein Herz öffnet, den leidenden Herrn, der zugleich der erhöhte ist. »Du (sie spricht Christus an) hast sehr oft, ganz besonders aber am Feste deiner hochheiligen Geburt, am Sonntag ›Esto mihi‹ (einem Sonntag nach dem Fest der Erscheinung des Herrn) und an einem anderen Sonntag nach Pfingsten mich zu einer solchen Vereinigung mit dir geführt, ja fortgerissen, daß ich über das Wunder staune, wie ich nach jenen Stunden noch länger als Mensch unter Menschen leben konnte« (vgl. Kap. 23 des 2. Buches S. 177).

Von besonderen Gnaden erzählt sie auch am Vigiltag des Festes Maria Verkündigung (Kap. 2, S. 93), am Vigiltag des heiligen Johannes des Täufers (Kap. 3, S. 96) und am 3. Adventssonntag (Kap. 5, S. 101). Mehrmals berichtet sie von ihren Visionen am Weihnachtsfest und am Fest der Darstellung des Herrn. Hier zeigt sich ihre tiefe Zuneigung zum Kinde Jesu und ihre intensive Beschäftigung mit dem Geheimnis der Inkarnation. Deswegen gilt sie auch als Heilige der Menschheit Jesu wie Katharina von Genua als Heilige der Gottheit Jesu.

Neben der Liturgie ist die Heilige Schrift Gertruds geistliche Nahrung. Sie widmet sich mit großem Eifer dem Schriftstudium; sie liest alle Bücher des Alten und Neuen Testaments, die ihr erreichbar waren. Sie sind ihr »Honig im Mund, Orgelklang im Ohr und geistiger Jubel im Herzen« (1,1 S. 33). Aber auch anderen sucht sie ihre geistlichen Schätze mitzuteilen. Wo die Heilige Schrift fehlt, sorgt sie für Abhilfe. Einzelne Teile der Bibel übersetzt sie selbst, um sie den Lesern verständlicher zu machen. Die Schrifttexte sind ihr so vertraut, daß ihr zu jeder Zeit ein göttliches oder erbauliches Wort zu Gebote steht. Wenn sie Ruhe und Schlaf unterbricht, Erholung und Essen verschiebt, um andern zu helfen (1,4 S. 44), so tut sie alles zur Ehre Gottes. »Ob sie nun schlief, aß oder ihrem Körper eine andere Erholung gestattete«, alles geschieht für Gott (vgl. 1 Kor 10,31); in 1,11 S. 64 wird auf dieses Pauluswort angespielt. Die für Gertrud so bezeichnende Gabe der Einwohnung Gottes im Menschen wird mit Joh 14,23 belegt: »Wenn jemand mich liebt, wird er an meinem Wort festhalten; mein Vater wird ihn lieben, und wir werden zu ihm kommen und bei ihm wohnen«. (2,3 S. 95).

Gertrud sucht nicht ihre Ehre, sondern die Ehre Gottes (vgl. Joh 7,18; 1. Buch Kap. 4, S. 44). Sie ist der Baum, der reiche Frucht bringt (vgl. Ps 1,3; 1. Buch Kap 7, S. 52). »Im goldgeschmückten Gewande« (vgl. Ps 44,10) darf sie »vor dem König der Ewigkeit« stehen (vgl. Tob 13,6; 1 Tim 1,17; 1. Buch Kap. 10, S. 56). Das Wort aus dem Deuteronomium (18,18): »Schau, ich habe meine Worte in deinen Mund gelegt«, spricht Christus zur heiligen Gertrud (1,14 S. 74). Und als Gertrud nach Reliquien sucht und bedauert, keine zu besitzen, erklärt ihr der Herr, daß die besten Reliquien seine Worte seien.

Auch die Mitschwestern verraten bei der Niederschrift des 1. Buches eine große Bibelkenntnis. Gleich zu Beginn des 1. Buches wird z. B. Gal 1,15 auf Gertruds Auserwählung angewandt: »Der Herr, der sie schon im Mutterleib auserwählt hat«, heißt es da; und es wird die »Tiefe des Reichtums, der Weisheit und der Erkenntnis Gottes« gerühmt (Röm 11,33), die Gertruds Lebenswege wunderbar gefügt hat.

Wenn man bedenkt, daß Gertrud schon als Fünfjährige nach Helfta gekommen und im Kloster aufgewachsen ist, dann hat sie schon als Kind den Geist Benedikts und seiner Regel eingeatmet; sie ist in diesem Geist herangereift und ganz von dieser Lebensform geprägt. Das Menschenbild der Regel Benedikts, das in den Kapiteln 2 und 64 gezeichnet wird, findet seine Entsprechung im Leben der hl. Gertrud, so im 1. Buch Kap. 1 (S. 35), wo es um die Zuwendung zum Mitmenschen, die von unterscheidender Liebe geprägt ist, geht. Auf Gertrud wird das Wort »Vom Eifer der glühenden Liebe« (1. Buch Kap. 6, S. 48) angewendet.

Des öfteren wird auf Kapitel 4 der Benediktsregel angespielt, so wenn von Gertrud ausgesagt wird: »Sie besaß immer ein festes Vertrauen auf Gottes große Güte und Barmherzigkeit« (1. Buch Kap. 10, S. 56). Weiter heißt es von ihr: »Sie hielt sich aller Geschenke Gottes für unwürdig« (1. Buch Kap. 11, S. 59). Und wenn wir lesen, »daß die vergänglichen Vergnügungen ihr einen unglaublichen Widerwillen erregten« (1. Buch Kap. 11, S. 61), so finden wir auch dafür eine Entsprechung in der Regel.

Gerühmt werden an der hl. Gertrud von ihrer Biographin Liebe, Gehorsam, Enthaltsamkeit, freiwillige Armut, Klugheit, Starkmut, Mäßigkeit, Mitleid, Eintracht, Standhaftigkeit, Dankbarkeit, Mitfreude und Verachtung der Welt (1. Buch Kap. 11, S. 66). Zur Armut wird noch hinzugefügt, daß sie nur das behält, was sie braucht. Wenn sie etwas an Speisen oder Kleidung aussuchen soll, tut sie es mit geschlossenen

Augen, »um auf diese Weise von Gott selbst das zu erhalten, was er für sie bestimmt hatte« (1. Buch Kap. 11, S. 65). Sie hat als echte Benediktinerin Eifer für das Chorgebet und versäumt nie die einzelnen Horen (1. Buch Kap. 11, S. 62).

Zusammenfassend heißt es von ihr: »Sie war eine überaus starke Säule des Ordens«, so daß man das Wort Sir 50,1 und 3 auf sie anwenden kann: »Während ihres Lebens stützte sie das Haus« – »nämlich die Ordensregel«, wird hinzugefügt (1. Buch Kap. 1, S. 34).

Die hl. Gertrud selbst spricht immer wieder in großer Demut von ihrer Unwürdigkeit. Gott hat sie aus freier Gnadenwahl berufen, obwohl sie die »Unwürdigste von allen« ist (2. Buch Kap. 22, S. 140). Ja, sie staunt, daß die Erde sie überhaupt trägt (1. Buch Kap. 11, S. 60). »Von den eigenen Fehlern und Nachlässigkeiten ... wie von einem dichten Fell umgeben« (2. Buch Kap. 8, S. 110), wünscht sie, daß »es keinen Christen gibt, der die Geschenke Gottes schlechter verwendet und dem Nächsten mehr Ärgernis gegeben hat« als sie (2. Buch Kap. 8, S. 109). Völlig will sie aber auf Gott vertrauen (2. Buch Kap. 20, S. 136) und das Erbarmen Gottes preisen. Gott hat sie auserwählt, zum Ordensstand berufen, sie an sich gezogen und mit sich vereinigt; er hat in ihr seine Freude gefunden und will sie einst zur Vollendung führen. Auf diese endgültige Vereinigung mit dem Herrn ist ihr ganzes Leben ausgerichtet.

2. »*Der Gesandte*«

Das Einlesen in den »Gesandten« bereitet uns einige Mühe. Die Gebete sind in einer überladenen Sprache verfaßt, die Bilder sind für uns ungewohnt. Aber wenn wir uns Zeit nehmen und geduldig in die Texte hineinhorchen, geht uns eine reiche Welt voll innerer Schönheit auf.

Die Sprache, die hier gebraucht wird und die uns etwas fremd anmutet, ist reich an Bildern und ähnelt darin der Sprache der Bibel. Geistige Wirklichkeiten werden ausgesagt mit Hilfe von Bildern. (Keiner von uns glaubt z. B., daß der Himmel aus Gold und Perlen besteht, wie es die Geheime Offenbarung 21,10–21 schildert oder daß wir im Jenseits ein üppiges Mahl halten werden, wie die Gleichnisse vom Hochzeitsmahl es darstellen.) Deswegen dürfen wir bei den Bildern nicht stehenbleiben, sondern die Bilder sollen uns zu Gott hinführen. Unsere Heilige schreibt im 24. Kap. des 2. Buches S. 152: Die Leser sollen »wie durch gemalte Bilder dazu geführt werden, jenes verborgene Manna innerlich zu verkosten, das durch keinerlei Beimischung von körperlichen Bildern mitgeteilt werden kann«.

Die hl. Gertrud fürchtet sich davor, mißverstanden zu werden, und hatte sich fest vorgenommen, über ihre Offenbarungen zu schweigen (vgl. 1. Buch Kap. 15, S. 77). Sie schreibt nur deshalb, weil der Herr es von ihr verlangt, »denn er war zu ihr so gütig, freundlich und gnädig, daß man das weder mit Worten beschreiben noch mit menschlichen Sinnen erfassen kann« (4. Buch Kap. 35, S. 181). Und an einer anderen Stelle lesen wir: Sie war »oft so sehr allen irdischen Dingen entrissen, daß sie durch keinerlei dem menschlichen Vorstellungsvermögen entsprechende Bilder ausdrücken konnte, was in ihr durch die innige und untrennbare Freundschaft mit dem Geliebten bewirkt worden war« (4. Buch Kap. 26, S. 170).

Sie sieht also nicht mit den körperlichen Augen, sondern sie schaut mit den Augen des Herzens. Sie hat ein lebendiges Bewußtsein von der Anwesenheit Christi in ihrem Herzen. Das heißt aber nicht, daß sie sich fortwährend in einem seligen Zustand befindet. Auch ihr widerfährt es, die innere Dunkelheit zu erleben »wie eine gelöschte Kohle« (1. Buch Kap. 10, S. 56) und daß sie durch ein Ereignis »niedergedrückt und in Unruhe versetzt« wird und infolgedessen nachts nicht schlafen kann (4. Buch Kap. 15, S. 158). Und sie hofft, vom Leiden verschont zu bleiben in der Meinung, sie habe nun genug ausgestanden, erkrankt jedoch an der Pest.

Einen möglichen Zugang zu den Büchern des »Gesandten« kann uns die persönliche Entwicklung der hl. Gertrud geben, wie sie schon im 1. Kapitel des 1. Buches (S. 31) deutlich wird. Am 27. Januar 1281 hat die Heilige ihre erste Christusvision und bekommt die Gabe der inneren Zwiesprache. Dieses Erlebnis schildert sie im 1. Kapitel des 2. Buches S. 90. Sie schaut den Herrn nun oftmals und empfängt am 24. März des gleichen Jahres eine besondere mystische Gnade (vgl. 2. Kap. des 2. Buches S. 93). Bezeichnend ist, daß Gertrud jetzt ein neues Verhältnis zur Natur gewinnt. Wasser, Bäume, Vögel erlebt sie in anderer Weise als früher. Ihre Naturverbundenheit wird zum Anstoß für die für sie so charakteristische Erfahrung der Einwohnung Gottes, die ihr offenbar zu diesem Zeitpunkt erstmals geschenkt wird. Ihre Schilderung ist so plastisch und anschaulich, daß wir sie am Fischteich sehen können. Dieses Erlebnis sowie die erste Christusvision gehören zu den schönsten und berühmtesten Texten, die Gertruds Hand entstammen (vgl. das 3. Kap. des 2. Buches S. 94).

Bis zum Ende ihres Lebens ist sie mit dem Herrn innig vereint und hält des öfteren Zwiesprache mit ihm (1. Buch Kap. 4, S. 45). Sie ist aber nur der Kanal, durch den die Gaben Gottes fließen; sie gibt nur weiter, was sie empfangen hat (1. Buch Kap. 11, S. 59). Der Herr selbst weist auf diese ihre Demut hin (1. Buch Kap. 3, S. 40) und hebt ihre Freiheit des Herzens hervor (1. Buch Kap. 11, S. 62).

Jederzeit ist sie bereit zu helfen. Um »jemandem in der Versuchung beizustehen, einen Trostlosen zu trösten oder jemanden in der Liebe zu stärken«, unterbricht sie sogar die Kontemplation (1. Buch Kap. 4, S. 45). Sie beteiligt sich an einer allgemeinen Arbeit, die den ganzen Konvent betrifft (1. Buch Kap. 13, S. 71), obwohl sie häufig krank ist und an einer Lebererkrankung leidet. (Im 2. Buch Kap. 7 und 9 S. 106 und 110 ist von schwerer Krankheit die Rede).

Stets will sie das tun, was Christus von ihr verlangt. »Sie folgte bereitwillig dem göttlichen Willen«, lesen wir im 1. Buch Kap. 10, S. 57. Oftmals verlangt sie zu sterben, »doch nur in Einklang mit dem göttlichen Willen« (ebd.). Die Krankheit erreicht eine solche Intensität, daß die Anwesenden ihren Tod erwartet hätten, wenn sie nicht schon öfter von solchen Leiden wieder genesen wäre.

Im Jahre 1302 wurde ihr Verlangen nach der endgültigen Vereinigung mit dem Herrn erfüllt. Was die hl. Mechthild einst geschaut hatte, durfte sie jetzt erfahren. Sie sah, wie Christus Gertrud »mit seiner Rechten liebevoll umarmte, so daß ihre linke Seite, wo das Herz liegt, gleichsam an die Öffnung seiner Liebeswunde angeheftet war. Sie hingegen umarmte ihn mit ihrer Linken« (1. Buch Kap. 16, S. 80). Wie das Eisen von Feuer durchglüht ist, wurde sie selbst Feuer.

Zum Abschluß soll hier beispielhaft das Schauen und mystische Erleben der hl. Gertrud in der Schilderung des Weihnachtserlebnisses dargestellt werden (2. Buch Kap. 6, S. 104). Es erschließt sich ihr hier das Geheimnis der Inkarnation, und zwar nicht auf intellektuelle Art und Weise, sondern den ganzen Menschen erfassend und verwandelnd; sie erlebt die Geburt des Herrn mit.

Nach einem Preisgesang auf die Güte und Herablassung Gottes führt sie ein Wort des Propheten Joel an (4, 18), nach dem die Himmel fließend wie Honig geworden sind. Das ist kein dichterisches Gleichnis, sondern das Wirken Gottes wird mit diesen Worten zum Ausdruck gebracht. Seit der geschichtlichen Stunde der Geburt zu Bethlehem sind die Himmel fließend geworden. Dies Geschehen ereignet sich hier und heute. Die Selbstmitteilung Gottes hat in der Inkarnation seines Sohnes einen Höhepunkt erreicht. Himmel und Erde haben sich verbunden. Die Schöpfung soll immer mehr in die Vergöttlichung hineingenommen werden.

Die Kirchenväter drücken das so aus: »Gott ist Mensch geworden, damit der Mensch vergöttlicht werde«, und Gertrud läßt Christus sprechen: »Was ich von Natur bin, soll sie (die Seele) durch die Gnade werden« (Geistliche Übungen Nr. 3). Gertrud erfährt diese umwandelnde Kraft der Gnade. Nachdem sie das Jesuskind geschaut und in ihr Herz aufgenommen hat, wird ihr der Tiefensinn des Wortes »Gott wird alles in allem sein« (1 Kor 15,28) geschenkt; sie kann es nicht weiter erklären, es ist »ein unaussprechliches Verständnis«, das ihr da widerfährt.

Gottes Zuwendung zum Menschen ist personal, ist lebenschaffende Gegenwart. Gottes Liebe sucht den Menschen. Gertrud erlebt zeichenhaft, was allen Christen geschenkt worden ist; mit der Taufe sind sie Tempel des dreifaltigen Gottes geworden. Mehr und mehr sollen sie das »Ankommen der Liebe Gottes in der Ich-Mitte des Menschen« (O. H. Pesch) in ihrem Leben verwirklichen und so zu einer würdigen Wohnung Gottes werden.

Von der Liebe Gottes erfaßt und in Besitz genommen, kann Gertrud die geheimnisvollen Worte Christi verstehen: »Wie ich das Bild des Vaters hinsichtlich der Gottheit bin, so wirst du ein Bild meines Wesens hinsichtlich der Menschheit sein ...«

Sr. Luitgard Große

Die heilige Gertrud von Helfta
und das Zisterzienserinnenkloster Helfta

1. Der neue Orden der Zisterzienser und seine beiden Zweige

In der Geschichte der Kirche entzünden sich immer wieder an dem Zerfall der Klöster Reformideen, um die Klöster aus dem Verfall herauszureißen. Im 10. Jahrhundert ging die Idee zur Reform der Benediktinerklöster von dem burgundischen Kloster Cluny aus. Aber jede noch so gute Reform verkümmert eines Tages, indem die Reformen zu äußerlichen Formen erstarren und dadurch wiederum dem Verfall ausgesetzt sind. Überhaupt gilt, jede Reform eines Klosters bringt auch eine gewissenhaftere Wirtschaftsführung mit sich und erzeugt damit Reichtum, der auf die Dauer wieder die Reform unterhöhlt. So war die Reformbewegung der Zisterzienser eine Antwort auf den Verfall und die Nachteile der cluniazensischen Reform der Benediktinerklöster. Die Zisterzienser wollten mit ihren Klöstern wieder zur ursprünglichen Form der Benediktinerregel zurückkehren.

Die um 1119 entstandene Charta Caritatis der Zisterzienser wollte mit ihren Anweisungen die ursprüngliche Reinheit und Ausgewogenheit der Benediktinerregel wiederherstellen. Sie bestimmte, »daß die Regel des hl. Benedikt von allen einmütig verstanden werde und auch nicht in einem Buchstaben verlassen werde«.

Gegenüber der übergroßen Feierlichkeit des Gottesdienstes, der Pracht der Bauten, der mit Pelzen verbrämten Kleidung der Cluniazensermönche bestimmte die Charta Caritatis: »Die Kleidung sei einfach, ohne Pelz und Unterkleidung. Die Kukullen seien außen nicht flockig und die Tagesschuhe von Kuhleder. Die Gerichte im Kloster seien immer und überall ohne Fleisch und Fett zubereitet, ausgenommen für durchaus Kranke und Lohnarbeiter. Die Altartücher und die Gewänder der Altardiener sollen nicht von Seide sein, außer Stola und Manipel. Die Kasel sei nur einfarbig. Alle Ornamente des Klosters, Gefäße und Geräte seien nicht von Gold oder Silber oder mit Edelsteinen bedeckt, außer Kelch und Kommunionröhrchen, die beide nur silbern und vergoldet, aber nicht von Gold sein dürfen. Bildwerke dulden wir nirgends, Malereien nur auf Kreuzen, die aber nur in Holz ausgeführt sein dürfen.« Nun bekam auch die Handarbeit wieder ihren verpflichtenden Charakter für alle Mönche: »Die Mönche unseres Ordens müssen von ihrer Hände Arbeit, Ackerbau und Viehzucht leben. Daher dürfen wir zum eigenen Gebrauch besitzen Gewässer, Weinberge, Wiesen, Äkker und Tiere, ausgenommen solche, die mehr aus Kuriosität und Eitelkeit als des Nutzens wegen gehalten werden, wie Kraniche, Hirsche und dergleichen.« Auch Meßstiftungen lehnten die Zisterzienser ab. So bestimmte die Charta Caritatis: »Zur Beichte, hl. Kommunion und zum Begräbnis nehmen wir – mit Ausnahme eines Gastes und unserer Dienstleute, die im Bereich des Klosters sterben – keinen Fremden an. Auch nehmen wir keine Opfer zur Konventsmesse an.« Drei Elemente bestimmten die damalige Reform der Zisterzienser:

1. Vereinfachtes, d. h. verkürztes Chorgebet und einfacher Gottesdienst in schlichten Kirchenräumen,

2. Verpflichtende Handarbeit für alle,
3. Erneuerte geistliche Lesung und Meditation.

Auch die Zisterzienserinnen reihten sich in diese Reformbewegung der Männerklöster ein. Im Jahre 1125 wurde in Tart in Südfrankreich vom hl. Stephan Harding, dem Verfasser der Charta Caritatis, d. h. der Zisterzienserregel, das erste Zisterzienserinnenkloster gegründet (Citeaux 1115). Wir befinden uns in der Stauferzeit. Diese Zeit wird bestimmt durch das Rittertum und den Minnegesang (Walter von der Vogelweide 1165–1230). Es ist aber auch die Zeit der Kreuzzüge (1. Kreuzzug 1096–1099), die zu gleicher Zeit den Orienthandel aufblühen ließen. Der verstärkte Handel ließ die Zahl der Städte rasch anschwellen, die mit ihrer Geldwirtschaft die agrarische Naturalwirtschaft in Europa ablösten. Der Orienthandel und die Kreuzzüge machten Europa von neuem mit griechisch-arabischer Gelehrsamkeit bekannt, die auf die bald in Italien und Frankreich entstehenden Universitäten einwirkte (Paris: Theologie und Philosophie: 1194 Privileg Coelestins III. – Bologna: Jura: 1158 Privileg Kaiser Friedrichs I.). Außerdem zog orientalische Üppigkeit und Eßkultur (orientalische Gewürze) an den Höfen und in den Städten ein, besonders in Süditalien und in Sizilien. Es war auch eine Zeit des Umbruchs, der Erregung und der Leidenschaften. Es ist zugleich eine Zeit der Laienfrömmigkeit und der ersten Bibelbewegung, die von den Waldensern getragen wurde. Das bunter werdende und aufblühende Leben verstärkte auch das Selbstbewußtsein der Bürger in den Städten, die sich kraft ihres Reichtums mit den Rittern und Adeligen messen konnten, deren Macht bislang auf den mit der Naturalwirtschaft verbundenen Grundbesitz und Lehen beruhte. Aber noch war das höfische Rittertum mit seinem Minnegesang ein die Zeit mitbestimmender Faktor. Es bewirkte auch, daß sich das Selbstbewußtsein der adeligen Frauen hob. Davon blieben aber auch die Frauen und Töchter in den Städten nicht unberührt. Allerdings war der Zugang zur neu belebten Bildung und Wissenschaft nur über die Klöster und nicht über die Universität möglich.

Die Bildung der Frauen in den deutschen Klöstern des Mittelalters hat eine lange Tradition. Sie beginnt eigentlich in den angelsächsischen Klöstern, aus denen die Gehilfinnen des hl. Bonifatius wie Chunihilt, Berchtgit, Thekla und Lioba stammten. In diesen Frauenklöstern entstanden aus der Beschäftigung mit der Hl. Schrift und den Kirchenvätern sowohl lateinische Schriften wie auch Dichtungen in der Muttersprache. Der Abt Aldhelm von Malmesbury ermunterte in einem lateinischen Gedicht die Nonnen des Klosters Barking, sie möchten eifrig die Bibel und die antiken Schriftsteller studieren und vergleicht sie mit fleißigen Bienen, die aus allerlei Blüten Honig sammeln.

In England wuchs auch die hl. Lioba heran. Unter Leitung der Äbtissin Tetta wurde sie, wie ihre Lebensbeschreibung berichtet, sorgfältig in der lateinischen Sprache, in den Anfangsgründen der Grammatik und in der Lehre der anderen freien Künste unterrichtet. Aus Wimborn sendet die junge Lioba ihrem Verwandten Bonifatius einen lateinischen Brief, dem sie ein eigenes Gedicht beilegt, und bittet den hl. Bonifatius um Nachsicht und Korrektur dieses Gedichtes. Später holt sie Bonifatius nach Deutschland »wegen der Vorbildlichkeit ihres Lebens und wegen ihrer Gelehrsamkeit, durch die sie, wie er wußte, vielen mit Wort und Beispiel nützen würde«. Bonifatius betraute sie dann mit der Leitung des neugegründeten Klosters Bischofsheim an der Tauber. Dieses Kloster wurde eine Pflanzstätte für klösterliche Frauenbildung, »sodaß in jenen Ländern keine oder nur sehr wenige sich fanden, welche nicht Liobas Schülerinnen zu Lehrerinnen verlangten«. Über den Umfang ihrer Bildung heißt es in ihrer Lebensbeschreibung: »Sie strebte in großem Eifer und in hohem Sinn danach, auch in der geistlichen Wissenschaft Vollendung zu erlangen. Indem sie die Bücher des Alten und Neuen Testamentes mit scharfem Geist durchforschte, prägte sie die göttlichen Vorschriften dem Gedächtnis ein; allein sie fügte auch die Aussprüche der heiligen Väter und die Verfügungen, Beschlüsse und Rechtssätze der ganzen kirchlichen Ordnung dem reichen Schatz ihrer Bildung hinzu.« Diese Bildung gab sie an die von ihr erzogenen Frauen und Mädchen weiter. Um dieser Bildung willen reduzierte sie auch die klösterliche Aszese zum Beispiel beim Schlaf auf ein vernünftiges Maß. »Sie sagte nämlich, wenn man den Schlaf kürze, kürze man auch den Verstand, namentlich für das wissenschaftliche Studium.«

Diese hier sichtbar werdende umfassende Bildung der Nonnen glaubte Karl der Große 789 einschränken zu müssen, indem er den Nonnen das Dichten und das Versenden von »Winileodi«, Freundschaftsbriefen, untersagte. Auch die Zeit der Ottonen, in der eine Nonne und Dichterin wie Hrotswith von Gandersheim lebte, ist geprägt von einer hohen Bildung der Frauen in den Köstern, so daß Gustav Schnürer schreiben konnte: »Die hochstehenden Nonnen dieser sächsischen Frauenklöster übertrafen in ihrer Zeit weit die Männer aus dem Laienstand, die meist nicht Lesen und Schreiben gelernt hatten.« Weiter skizziert er das Leben in diesen Nonnenklöstern so: »Auch war man in Frauenklöstern fleißig im Abschreiben und Ausmalen von Büchern. In den Klosterschulen der Nonnen wurde damals strenge Zucht gehalten. Backenstreiche sparte man hier so wenig wie in den Mönchsschulen.«[1] Frucht dieser langen Tradition der Frauenbildung in den Klöstern ist dann der hohe Anteil der Klosterfrauen und Beghinen an der deutschen Mystik, der sich besonders im Kloster Helfta zeigte.

Zusätzlich brachten es in dieser Zeit die Kreuzzüge mit sich, daß in der Bevölkerungsstatistik der Anteil der Frauen wuchs.

So schrieb der hl. Bernhard an den Papst über den Erfolg seiner Kreuzzugspredigt folgendes: »Städte und Burgen leeren sich, schon findet man schwerlich für 7 Frauen einen Mann.«

Nur auf diesem Hintergrund ist es zu verstehen, daß besonders seit dem Ende des 12. Jahrhunderts ein Zisterzienserinnenkloster nach dem andern entstand, sodaß der Männerorden die Verantwortung für die vielen Frauenklöster nicht mehr übernehmen wollte. Daher erließ das Generalkapitel des Zisterzienserordens 1228 ein Verbot, weitere Frauenklöster in den Ordensverband aufzunehmen. So kam es, daß der größte Teil der rund 1000 Zisterzienserinnenklöster nicht dem Ordensverband angehörte, sondern den Diözesanbischöfen unterstand und Weltgeistliche als

1 *Gustav Schnürer,* Kirche und Kultur im Mittelalter, Paderborn 1924–1930, II 144f.

Pröpste und Beichtväter hatte. Mit 96 Klöstern waren die Zisterzienserinnen zur Reformationszeit die größte Ordensgemeinschaft im Raum der ehemaligen DDR. In den mittelalterlichen Diözesen Magdeburg und Halberstadt gab es 20 Zisterzienserinnenklöster, von denen 4 dem Orden inkorporiert waren. Von ihnen blieben 7 Klöster bis zur Säkularisation bestehen. Diese Zisterzienserinnenklöster wurden sowohl von Bischöfen (z. B. Althaldensleben, St. Agnes zu Magdeburg, Adersleben, Halle) wie von Adeligen (z. B. Aschersleben, Egeln, Halberstadt, Helfta) gegründet; sie befanden sich sowohl in den Städten (Althaldensleben, Halberstadt, Magdeburg, Halle, Aschersleben) wie auf dem Lande (Meyendorf, Adersleben, Helfta, Hedersleben, Marienthal, Marienstern). In dieser religiös so bewegten Zeit war ein neuer reformeifriger Orden, wie es die Zisterzienser waren, besonders anziehend. Wie der Männerorden, so war auch der Frauenorden durch die Rückkehr zur ursprünglichen Benediktinerregel gekennzeichnet. Das bedeutete, wie schon erwähnt, betonte Einfachheit und Ausgewogenheit der 3 wesentlichen Elemente der Benediktinerregel, nämlich 1. Gottesdienst und Chorgebet, 2. Schriftlesung und Betrachtung und 3. Handarbeit. Erst seit dem Tridentinum übernahmen die Zisterzienserinnen mit dem Zurücktreten der Handarbeit die strenge päpstliche Klausur. Vermutlich traten von Anfang an Töchter des Adels wie auch Töchter vornehmer Bürger in die Zisterzienserinnenklöster ein, wobei sich das Verhältnis zwischen Adeligen und Bürgerlichen im Laufe der Zeit immer mehr zugunsten der Bürgertöchter verschob. Aber lange Zeit blieb wenigstens das Amt der Äbtissin den Adeligen im Kloster vorbehalten. Neben dem

Chorgebet, der Betrachtung und der Schriftlesung gehörten zur Beschäftigung der Nonnen die Arbeit in Küche, Stall und Feld, die Erziehung und Unterrichtung junger Mädchen und Nähen und Sticken.

2. Das Zisterzienserinnenkloster Helfta

Das Kloster St. Maria zu Helfta wurde im Jahre 1229 von Graf Burchard von Mansfeld bei Schloß Mansfeld gegründet und mit 7 Nonnen aus dem St. Burchardi-Kloster in Halberstadt besetzt. Es gehörte zu den freien Zisterzienserinnenklöstern, die dem Diözesanbischof unterstanden. Schon 1234 wurde es nach Rodersdorp oder Roßdorf, einer späteren Wüstung nordwestlich von Eisleben und 1258 nach Helfta östlich von Eisleben verlegt. Nachdem das Kloster 1342 in der Halberstädter Bischofsfehde verwüstet worden war, wurde es 1346 nach Neuhelfta, d. h. unmittelbar vor die Stadtmauern von Eisleben (heute katholisches Pfarramt St. Gertrud) verlegt. Das Kloster war sehr reich und zählte zeitweilig über 100 Nonnen. Unter der 2. Äbtissin Gertrud von Helfta (1251–1291) war es ein Mittelpunkt der deutschen Mystik. In ihm lebten die hl. Gertrud von Helfta, die hl. Mechthild von Hackeborn, und die selige Mechthild von Magdeburg. Die Helftaer Mystik war beeinflußt von den Dominikanern und dem Helftaer Propst Otto. Themen dieser Mystik waren die Herz-Jesu-Verehrung, Brautmystik und Betrachtungen über Gottes Hofstaat. Im Jahre 1262 wurde von Helfta aus das von den

Grafen von Hackeborn gestiftete Kloster Hedersleben besiedelt. Bei der Visitation im Jahre 1496 waren im Kloster 70 Nonnen. Die Disziplin des Klosters war gut, aber die wirtschaftlichen Verhältnisse waren infolge der Mißwirtschaft der Pröpste schlecht. Im Jahre 1515 wurde von Helfta aus das Zisterzienserinnenkloster Rohrbach bei Sangerhausen reformiert. Nachdem das Kloster im Bauernkrieg geplündert worden war, floh der Konvent nach Halle und teilweise nach Mähren. Im Jahre 1529 kehrten die Nonnen wieder zurück und ließen sich auf dem Vorwerk ihres Klosters in Alt-Helfta nieder. Nachdem die letzte Äbtissin Walburga Reuber 1545 gestorben war, wurde das Kloster vom Landesherrn aufgehoben.

3. Die hl. Gertrud von Helfta

Die hl. Gertrud wurde am 6. Januar 1256 wahrscheinlich in Thüringen geboren. Mit 5 Jahren kam sie in das Kloster Helfta. Sie lebte dort 40 Jahre bis zu ihrem Tode am 13. November 1302. In der Schule des Klosters lernte sie zunächst nähen, sticken, lesen und singen und bekam dann aber eine ausgezeichnete humanistische und theologische Ausbildung, so daß sie später ein vorzügliches, mit reichen Bildern geschmücktes Latein schrieb. Vor ihrer Bekehrung war sie nach eigenen Worten »entschlossen, keinem Mann an Gelehrsamkeit nachzustehen«. Am 27. Januar 1281 hatte sie zum ersten Mal eine Christusvision und lebte seitdem bis zu ihrem Tode in inniger Chri-

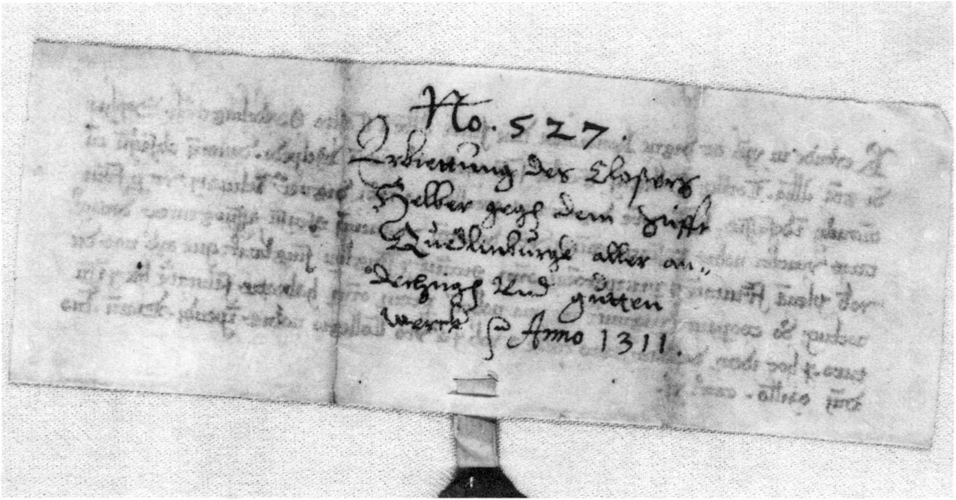

Fraternitätsbrief des Klosters Helfta
für das Stift Quedlinburg (1311)

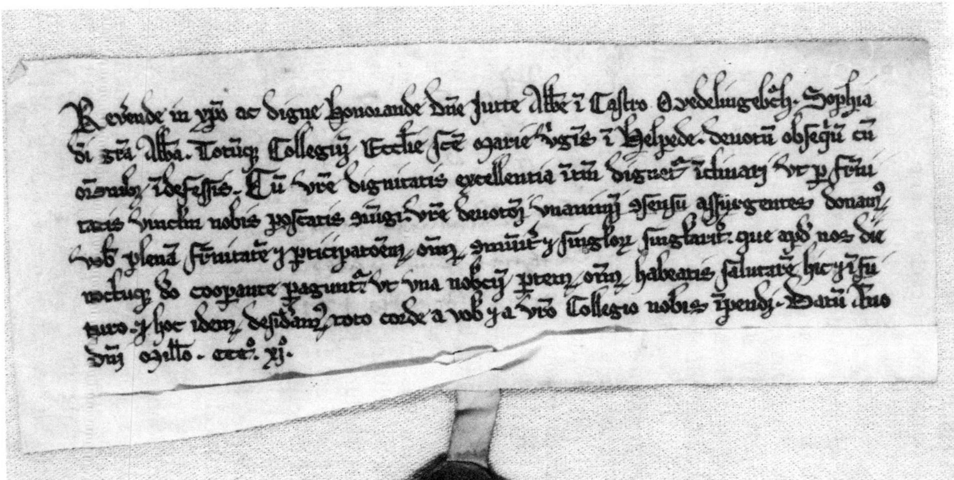

Reverende in Christo ac digne honorande Domine Jutte Abbatisse in Castro Quedelingeburch. Sophia
dei gratia Abbatissa. Totumque Collegium Ecclesie sancte Marie virginis in Helpede. devotum obsequium cum
oracionibus indefessis. Cum vestre dignitatis excellentia iam digneris intimare ut pro fraterni-
tatis vinculo nobis poscatis coniungi. vestre devocioni unanimi consensu assurgentes donavimus
vobis plenam fraternitatem et participacionem omnium communium et singulorum singularium. que apud nos die
noctuque deo cooperante peraguntur. ut una nobiscum premium omnium habeatis salutare hic et in fu-
turo. Et hoc idem desideramus toto corde a vobis et a vestro Collegio nobis impendi. Datum Anno
Domini Millesimo. CCC°. XI°.

stusverbundenheit. Eng verbunden war sie mit ihrer Äbtissin Gertrud von Hackeborn und deren Schwester, der hl. Mechtild von Hakeborn. Ihre Offenbarungen sind niedergelegt und gesammelt in den 5 Büchern des »Gesandten der göttlichen Liebe« (legatus divinae pietatis), von denen sie nur das 2. Buch selbst geschrieben hat. Das 1. Buch, das nur Erinnerungen an sie enthält, und das 3.–5. Buch sind erst nach ihrem Tode von ihren Mitschwestern zusammengestellt und aufgeschrieben worden. Außerdem sind noch von ihr die »Geistlichen Übungen« erhalten. Ihre Offenbarungen zeigen eine besonders enge Verbindung mit der Liturgie. Die in Helfta gefeierte Liturgie muß daher eine stark prägende Kraft gehabt haben. Ihr Leben selbst ist geprägt von der ständigen Erfahrung des Übernatürlichen. So verkehren in ihren Visionen Christus, die Engel und die Heiligen mit ihr wie mit ihresgleichen. Sie redet Christus an »Du süßester Herr« und erklärt: »Ich kann auf Erden nichts finden, was mich erfreut, als allein meinen Herrn.« Im Mittelpunkt ihrer Betrachtungen stehen die Menschwerdung Jesu und die Verehrung des Herzens Jesu. Fast alle Anrufungen der späteren Herz-Jesu-Litanei finden sich bei ihr. Die Zwiesprache mit dem gekreuzigten Herrn beeindruckte sie so sehr, daß sie die Nägel aus einem Kreuz zog und statt dessen wohlriechende Nelken hineinsteckte.[2] Aber ihre mystischen Erfahrungen sollten nicht Selbstzweck sein, sondern auch im Dienst des Nächsten stehen. Daher verbrachte sie viele Stunden im Sprechzimmer, um Rat- und Hilfesuchenden beizustehen, wobei ihr ihre mystischen Erfahrungen zu Hilfe kamen. Sie war auch immer bereit, um eines

[2] Vgl. S. 153.

Werkes der Nächstenliebe willen ihre mystischen Betrachtungen abzubrechen.[3] Damit jeder das Wort Gottes leichter verstehen könne, übersetzte sie, die ausgezeichnete Latinistin, große Teile der Hl. Schrift für ihre Mitschwestern ins Deutsche.[4] Aus ihren Schriften ergibt sich, daß sie die Werke des hl. Augustinus, Gregors des Großen und des hl. Bernhard kannte. Ihre im Kloster entstandenen Werke haben später über den Niederländer Gert Groote das geistliche Leben der Brüder vom gemeinsamen Leben beeinflußt und kamen damit verstärkt einer neuen Weltfrömmigkeit am Vorabend der Reformation zugute.

Franz Schrader

3) Vgl. S. 45.
4) Vgl. S. 50.

Vorwort des Übersetzers

Die vorliegende Übersetzung, die eine Bearbeitung der Fassung von Johannes Weißbrodt darstellt, basiert auf dem Text von Pierre Doyère für die Bücher I–III sowie Jean-Marie Clément, les Moniales de Wisques und Bernard de Vregille für das Buch IV des »Gesandten der göttlichen Liebe« (Gertrude d'Helfta: Le héraut. Buch I–II als Nr. 139 – Paris 1968 –, Buch III als Nr. 143 – Paris 1968 – und Buch IV – Paris 1978 – als Nr. 255 der Sources Chrétiennes). Dabei habe ich eine Reihe von Stellen neu übersetzt, die Weißbrodt ausgelassen hatte, so daß nun die Bücher I und II fast vollständig vorliegen.[1]

Mein Anliegen war es, möglichst genau der Ausdrucksweise Gertruds zu folgen, zugleich aber auch dem gegenwärtigen Sprachgebrauch Rechnung zu tragen. Deshalb habe ich zum Beispiel um der Übersichtlichkeit willen mitunter Straffungen vorgenommen und in die Satzstruktur eingegriffen. Da Gertrud nur den Vulgatatext der Heiligen Schrift kannte, zitierte sie daraus in dieser Fassung. Ich bin bei meiner Übertragung, soweit mir das möglich schien, von der deutschen Einheitsübersetzung ausgegangen. Bekannte Hymnen und Gesänge, die noch heute gebraucht werden, beispielsweise das »Veni, Creator Spiritus«, »Te Deum« und »Salve Regina«, habe ich

1 Inzwischen erschien auch 1989 bei Lambert Schneider in Heidelberg eine vollständige Ausgabe des Gesandten der göttlichen Liebe in neuer Übersetzung von Johanna Lanczkowski. Dort werden die Bücher in folgender Reihenfolge dargeboten: Buch 2, 3, 4, 5, 1.

in der jetzt üblichen Form aufgenommen. Frau Dr. Ingeborg Pape, Berlin, möchte ich für die Durchsicht des Manuskripts danken, ebenso den Schwestern Ursula Schwalke und Luitgard Große von der Abtei »St. Gertrud« in Alexanderdorf für die Unterstützung, die ich durch sie erfuhr.

Berlin, im Juni 1989 Reinhard Krug

I. BUCH

1. Kapitel

Würdigung der heiligen Gertrud

O Tiefe des Reichtums, der Weisheit und der Erkenntnis Gottes! Wie unergründlich sind seine Entscheidungen, wie unerforschlich seine Wege![1] Auf so wunderbare, verborgene und unterschiedliche Weise beruft er diejenigen, die er vorausbestimmt hat, und rechtfertigt die Berufenen aus Gnaden, ja, er begnadigt sie sogar so gerecht, als ob er sie völlig gerecht gefunden hätte und sie für würdig hielte, an seinem Reichtum und seinen Freuden teilzunehmen. Das zeigt sich deutlich bei seiner Auserwählten. Er hat sie als strahlend-helle Lilie im Garten der Kirche unter den Balsambeeten[2], das heißt in der Gemeinschaft der Gerechten, ohne ihr Verdienst auserwählt und sie deshalb, als sie noch ein kleines Mädchen im Alter von fünf Jahren[3] war, den Stürmen der Welt entrissen und sie ins Brautgemach des heiligen Ordenslebens verpflanzt. Ihre Schönheit vermehrte er durch eine solche Menge blühender Blumen aller Art, daß sich jedes Auge an ihr erfreute und sie die Herzen der meisten gewann. Zwar war sie den Jahren und dem Körper nach erst ein Mädchen, doch schien sie in ihrer Sinnesart schon reif, liebenswert, lenkbar und ansprechend und in allem so gelehrig, daß alle, die sie hörten, darüber staunten. Denn als man sie zur Schule schickte, zeichnete sie sich durch ihr schnelles Auffassungsvermögen und ihren scharfen Verstand so aus, daß sie ihre Altersgefährtinnen und Mitschwestern weit übertraf. So verbrachte sie die Jahre ihrer Kindheit mit reinem Herzen und widmete sich eifrig und voll Freude den freien Künsten. Vor vielen der sonst üblichen Jugendfehlern bewahrte sie der Vater der Barmherzigkeit, dem dafür höchstes Lob und reichster Dank zuteil werden soll.

Doch gefiel es ihm, der sie schon im Mutterleib auserwählt[4] und sie fast von der Mutterbrust an die Tafel des Ordenslebens geführt hat, sie durch seine Gnade von den Äußerlichkeiten zu den inneren Werten und von den körperlichen Übungen zur Beschäftigung mit geistlichen Dingen zu berufen; und er zeigte das deutlich durch eine Offenbarung[5], wie man im folgenden sehen wird. Damals nämlich erkannte sie, daß sie sich in weiter Ferne von Gott befand. Denn bei ihrer allzu starken Beschäftigung mit den freien Künsten hatte sie es bis zu jener Zeit versäumt, ihren scharfen Verstand dem Licht der geistlichen Einsicht anzupassen; und ihr allzu großes Streben nach Freude durch menschliche Weisheit hatte sie um den süßen Geschmack gebracht, den die wahre Weisheit gibt. Da begannen ihr alle Äußerlichkeiten nichts mehr zu bedeuten, und das mit Recht. Denn der Herr führte sie zum Ort des Jubels und der Freude, auf den Berg Sion[6)], das heißt zu seiner Beschauung, wo sie den alten Menschen mit seinen Werken aus- und den neuen Menschen anzog, der nach dem Bild Gottes geschaffen ist in wahrer Gerechtigkeit und Heiligkeit[7)]. Deshalb wurde sie von einer Sprachgelehrten zur Theologin und studierte unermüdlich alle Bücher der Heiligen Schrift, die sie haben oder erwerben konnte. Ihr Herz war wie ein Lastkorb mit nützlichen und schönen Aussprüchen aus der Heiligen Schrift in einem so reichen Maße gefüllt, daß ihr immer ein göttliches oder erbauliches Wort zur Verfügung stand. So konnte sie allen, die zu ihr kamen, ein passendes Wort sagen und jedem Irrtum mit geeigneten Zeugnissen aus der Heiligen Schrift entgegentreten. Denn niemand war in der Lage, sie zu widerlegen. Während dieser Zeit wurde sie auch wegen der wunderbaren Süßigkeit und beseligenden Freude nicht satt, sich ständig der göttlichen Betrachtung zu widmen und die Heilige Schrift zu erforschen. Das war ihr süßer Honig im Mund[8)], Orgelklang im Ohr und geistlicher Jubel im Herzen. Fleißig wie eine Taube beim Sammeln von Weizen ging sie zahlreiche Bücher mit wertvollen Aussprüchen von Heiligen durch und verfertigte Auszüge zum gemeinsamen Nutzen aller, die darin lesen wollten. Dabei machte sie dunkle Stellen auch für nicht kluge Menschen einsichtig und verständlich. Außerdem verfaßte sie mehrere Gebete, die süßer als Honig[9] sind, und viele andere erbauliche Schriften für geistliche Übungen. Sie sind stilistisch so hervorragend, daß es keinem Leser möglich ist, überzeugende Einwände dagegen vorzubringen, sondern man muß sich darüber freuen, in welcher Übereinstimmung sich alles mit den guten Worten der Heiligen Schrift befindet; und so etwas darf kein Theologe oder frommer Mensch ablehnen. Deshalb muß man ohne jeden Widerspruch vom Geschenk einer geistlichen Begnadung sprechen. Zwar loben die Menschen manches von dem, was ich vorher genannt habe, sehr, obwohl es im Buch der Sprichwörter heißt: »Trügerisch ist Anmut, vergänglich die Schönheit, nur eine gottesfürchtige Frau verdient Lob.«[10] So wollen wir noch hinzufügen, was mit Recht gepriesen werden muß. Sie war eine überaus starke Säule des Ordens und die standhafteste Vorkämpferin für Gerechtigkeit und Wahrheit, so daß man mit Recht auf sie anwenden konnte, was im Buch Sirach[11] von dem Hohenpriester Simon gesagt wird: »Während ihres Lebens stützte sie das Haus«, nämlich die Ordensregel, »und in ihren Tagen festigte sie den Tempel«, nämlich der geistlichen Frömmigkeit, weil durch ihre Ermahnungen und ihr Beispiel viele zum Streben nach größerer Frömmigkeit angefeuert wurden. »In ihren Tagen«, könnte man sagen, »strömten die Wasserbrunnen«, weil in der Tat niemand in unserer Zeit die Ströme heilsamer Unterweisung reichlicher fließen ließ als sie. Auch besaß sie eine so angenehme und eindrucksvolle Sprache, eine so gewandte Zunge, eine so überzeugende, wirksame und anziehende Redeweise, daß die meisten, die ihre Worte hörten, in wunderbarer Weise in ihrem Herzen angesprochen wurden, ihren Sinn änderten und so ein deutliches

Zeugnis für den Geist Gottes ablegten, der in ihr sprach[12]. Denn das lebendige Wort Gottes, das kraftvoll ist und schärfer als jedes zweischneidige Schwert, das bis zur Scheidung von Seele und Geist durchdringt[13], wohnte in ihr und bewirkte dies alles. Die einen erschütterte sie durch ihre Worte zum Heil; andere erleuchtete sie, so daß sie Gott und ihre eigenen Fehler erkannten. Einigen gewährte sie die Hilfe gütigen Trostes, und andere entflammte sie noch stärker zur Gottesliebe. Denn auch viele Auswärtige, die nur einmal eine Ansprache von ihr hörten, bekannten, daß sie daraus großen Trost empfangen hätten. Obwohl sie in reichem Maße die Gabe besaß, bei den Menschen gut anzukommen, darf man keineswegs glauben, daß sie die sich aus ihrer Begabung und geistigen Beweglichkeit ergebenden Dinge nach einem eigenen Plan erdacht und sie auf Grund ihres Redeeifers oder ihrer Redegewandtheit entworfen hat. Nein, im Gegenteil! Man muß fest und zweifelsfrei davon ausgehen, daß ihr tatsächlich alles von der Quelle der göttlichen Weisheit selbst als Geschenk eingegossen wurde durch jenen Geist, der weht, wo er will[14], wann er will, für wen er will und was er will, je nach Person, Ort und Zeit.

Weil aber das Unsichtbare und Geistige für das menschliche Verständnis nur durch Gleichnisse von körperlichen und sichtbaren Dingen ausgedrückt werden kann, muß man es mit menschlichen und körperlichen Bildern andeuten. Das bezeugt Magister Hugo in der Rede über den inneren Menschen im 16. Kapitel mit folgenden Worten: »Um sich der niedrigeren Erkenntnis anzupassen und der menschlichen Schwachheit zu Hilfe zu kommen, beschreibt die Heilige Schrift das Unsichtbare durch Bilder von sichtbaren Dingen und prägt unseren Seelen die Erinnerung daran durch die anziehende Schönheit verschiedener Gestalten ein. So spricht sie bald von einem Land, das von Milch und Honig fließt, von Blumen und Wohlgerüchen, bald bezeichnet sie durch menschliche Lieder und den Gesang der Vögel die Harmonie der himmlischen Freuden. Lest die Apokalypse des Johannes, und ihr werdet Jerusalem mit Gold und Silber, mit Perlen und Edelsteinen jeder Art geschmückt finden; und doch wissen wir, daß es dort, wo es an nichts fehlen kann, nichts davon gibt. Denn wo alles dem Urbild nach existiert, gibt es nichts der äußeren Erscheinung nach.«

2. Kapitel

Von den Zeugnissen der Gnade

Gott dem Herrn, dem Spender aller wahren Güter, danke alles, was wir unter dem Himmel bestaunen[15], was die Breite der Erde und die Tiefe des Meeres[16] umschließt, und singe ihm das ewige, unermeßliche und unveränderliche Loblied, das von der unerschaffenen Liebe ausgeht und in ihr selbst vollkommen wird, für sein überreiches Erbarmen, in dem er seine Ströme auf das Tal der menschlichen Schwachheit hinlenkt und unter anderem auch auf die schaute, zu der ihn sein eigenes Geschenk angelockt hat. Wie nämlich die Schrift sagt, muß jede Sache durch die Aussage von zwei oder drei Zeugen entschieden werden.[17] Da hier aber noch mehr Zeugen vorhanden sind, steht zweifelsfrei fest, daß der Herr sie als besonderes Werkzeug auserwählt hat, um durch sie die Geheimnisse seiner Liebe kundzutun. Der erste und Hauptzeuge ist Gott, der öfter ihre Vorhersagen bestätigte, das geheim Erkannte offenbarte und viele die Wirkung ihrer Gebete erleben ließ, ja sogar durch ihre Verdienste Bitten erhörte und diejenigen, die in demütiger Gesinnung beteten, sogar von Versuchungen befreite. Dazu möchte ich einige von vielen Beispielen anführen.

Zu der Zeit, als der Herr Rudolf, der römische König, gestorben war und sie mit den übrigen für die Wahl eines Nachfolgers betete, teilte sie an demselben Tag und, wie man glaubt, in derselben Stunde, wo in einer anderen Gegend die Wahl stattfand, deren Ergebnis der Mutter des Klosters mit und fügte hinzu, daß der an diesem Tag gewählte König von seinem Nachfolger ermordet werden würde, was auch tatsächlich geschah.[18]

Als einmal unserem Kloster durch die Drohung eines Übeltäters eine scheinbar unvermeidliche Gefahr bevorstand, verrichtete sie ein Gebet und sagte danach der Mutter des Klosters voraus, daß diese ganze Gefahr durch Gottes Gnade beseitigt sei. Da trat der Verwalter des Hofes hinzu und versicherte, daß das, was sie infolge einer geheimen göttlichen Offenbarung erkannt hatte, durch richterlichen Entscheid bestätigt sei. Deshalb freuten sich die Äbtissin und die übrigen, die von Gertruds Mitteilung wußten, im Herrn und dankten ihm. Ferner wurde eine Person, die durch anhaltende Versuchungen ermüdet war, im Schlaf ermahnt, sich ihren Gebeten zu empfehlen. Als sie das andächtig getan hatte, wurde sie durch Getruds Verdienste und Fürbitten davon befreit.

Für berichtenswert halte ich auch die folgende Begebenheit. Eine andere Person wollte kommunizieren. Weil sie aber einige Tage vorher einer Gelegenheit nicht ausgewichen war, wurde sie während der Messe von vielen Gedanken dermaßen bedrängt und belästigt, daß sie schon fast zur Einwilligung in eine sündhafte Lust neigte. Weil sie jedoch mit solchen Gedanken keinesfalls hinzuzutreten wagte, ergriff sie schließlich, wohl infolge göttlicher Eingebung, ein wertloses Stück Tuch, das sie diese Gotterwählte von ihrer Fußbekleidung hatte abreißen und wegwerfen sehen, legte es auf ihr Herz und flehte zum Herrn, er möge sie durch Gertruds Verdienste barmherzig von ihrer Versuchung befreien um der Liebe willen, mit der er das Herz seiner Geliebten jeder menschlichen Neigung entrissen und in seiner Güte für sich allein auserwählt habe, um darin zu wohnen und es mit geistlichen Gaben zu bedenken. Wunderbar ist, was nun geschah und mit aller Ehrfurcht aufgenommen werden sollte! Denn kaum hatte sie jenes Stück Stoff mit der schon erwähnten Andacht fest auf ihr Herz gepreßt, da wurde jene fleischliche wie menschliche Versuchung völlig von ihr genommen, so daß sie auch später nicht mehr von einer ähnlichen bedrängt wurde.

Man sollte dem glauben, was der Herr selbst im Evangelium sagt: »Wer an mich glaubt, wird die Werke, die ich vollbringe, auch vollbringen, und er wird noch größere vollbringen.«[19] Also konnte der Herr, der einst die Frau heilte, die an Blutungen litt und den Saum seines Gewandes berührte[20], ebensogut auch durch die Verdienste seiner Auserwählten eine Seele von der Gefahr der Versuchung befreien, der zuliebe er gestorben war.

Das mag vom ersten Zeugen genügen, obwohl man noch zahllose Beispiele anfügen könnte.

3. Kapitel

Vom zweiten Zeugen

Der zweite bestätigende Zeuge ist der einhellige und übereinstimmende Bericht, den verschiedene Leute wie mit einem Munde ablegten. Mochten sie nun für die Besserung ihrer Fehler oder um die Vermehrung ihrer Fortschritte beten, alles, was sie über sie durch göttliche Offenbarung erfuhren, war so, daß sie selbst als eine besonders Erwählte erschien, die mit weit vorzüglicheren Gnaden ausgestattet war.

So kam einmal eine in göttlichen Offenbarungen sehr erfahrene Frau aus weiter Ferne in das Kloster, weil sie von seinem guten Ruf gehört hatte. Da sie aber dort niemanden kannte, betete sie innig zu Gott, er möge ihr jemanden zur Seite geben, von dem sie mit seiner Gnade für ihre Seele Gewinn erlangen könne. Der Herr gab ihr folgende Antwort: »Die sich als erste zu dir setzen wird, die ist die vor allen anderen Treueste und wahrhaft Auserwählte.« Als sich nach diesen Worten durch wunderbare Fügung Gertrud zuerst zu ihr gesetzt hatte, sich ihr aber gleichsam fremd zeigte, weil sie aus Demut verborgen bleiben wollte, hielt sich jene für getäuscht und trug das dem Herrn mit Verzagtheit und unter Seufzen vor. Da erhielt sie die Bestätigung, in Wahrheit sei Gertrud diejenige, die der Herr als seine Treueste bezeugt habe. Als sie nämlich mit der inzwischen verstorbenen Vorsängerin Frau Mechthild[21] ins Gespräch gekommen war, deren Worte ihr sehr gefielen, weil sie vom Honig des Heiligen Geistes gewürzt waren, fragte sie den Herrn, warum nicht diese, die sie vor allen anderen selig pries, sie zuerst empfangen habe. Da antwortete ihr der Herr: »Großes wirke ich in ihr. Aber noch Größeres wirke ich in Gertrud, und das Größte werde ich noch in ihr wirken.«

Eine andere Person, die für sie betete und dabei an die unvergleichlich zarte Liebe des Herrn zu ihr dachte, wunderte sich darüber und sagte zum Herrn: »Gott der Liebe, was findest du denn an ihr, daß du sie bei dir so groß achtest und deinen Sinn auf sie richtest[22]?« Der Herr antwortete: »Meine spontane Liebe zwingt mich dazu. Denn sie unterhält und vollendet in ihrer Seele durch ein besonderes Geschenk fünf Tugenden, über die ich mich besonders freue: Sie besitzt nämlich die wahre Reinheit, weil meine Gnade ständig in sie einströmt. Sie besitzt die wahre Demut wegen der Vielfalt und Größe meiner Geschenke. Denn je Größeres ich in ihr wirke, desto mehr versenkt sie sich in die Erkenntnis ihrer Schwäche. Sie besitzt die wahre Güte, in der sie das Heil aller zu meinem Lob ersehnt. Sie besitzt die wahre Treue, da sie all ihre Güter zu meiner Veherrlichung, zum allgemeinen Heil der ganzen Menschheit mitteilt; und sie besitzt die wahre Liebe, weil sie mich mit ganzem Herzen und ganzer Seele, mit aller Kraft glühend liebt und den Nächsten wie sich selbst[23] um meinetwillen.«

Dann zeigte ihr der Herr ein glänzendes Geschmeide vor seiner Brust, das kunstvoll verziert war und die Form eines dreiblättrigen Kleeblatts hatte, und sagte: »Dies werde ich stets zur Ehre meiner Braut tragen, und durch seine drei Blätter werden folgende drei Dinge dem ganzen himmlischen Hof deutlich vor Augen stehen: Das erste Blatt verkündet, daß sie mir die Nächste ist; denn es lebt kein Mensch auf der Welt, der durch die Reinheit der Absicht und seinen guten Willen mir näher steht. Aus dem zweiten Blatt strahlt hervor, daß ich mich jetzt auf Erden keiner Seele mit so großer Freude zugewandt habe wie ihr. Das dritte Blatt drückt aus, daß kein Mensch auf der Welt lebt, der mir treuer ist als sie, weil sie liebevoll alle erteilten Geschenke nur auf meine Ehre und Verherrlichung bezieht.« Der Herr fügte hinzu: »Nirgends auf Erden kannst du mich liebevoller finden als im Altarssakrament und so auch im Herzen und in der Seele meiner Freundin, auf die ich in wunderbarer Weise die ganze Freude meines göttlichen Herzens gerichtet habe.« Eine andere Person, die sich ihrer Fürbitte andächtig empfohlen hatte, erhielt im Gebet für sie diese Antwort: »Ich gehöre ihr ganz. Denn mit aller Freude habe ich mich ihren Umarmungen hingegeben. Die Liebe der Gottheit hat sie untrennbar mit mir vereinigt, so wie das Feuer aus zusammengeschmolzenem Gold und Silber das bernsteinfarbige ›Glanzerz‹[24)] erzeugt.« Darauf sagte sie: »Was, liebster Gott, tust du jetzt mit ihr?« Er antwortete: »Die Schläge ihres Herzens werden ständig mit den Schlägen meiner Liebe verbunden, und das bereitet mir unvorstellbare Freude. Die volle Kraft meiner Schläge jedoch bewahre ich in mir selbst bis zu ihrer Todesstunde. Dann nämlich wird sie in ihnen drei große Wirkungen erfahren: Erstens wird sie empfinden, mit wie großer Herrlichkeit Gott der Vater sie zu sich ruft; zweitens, mit welcher Freude ich sie aufnehme; und drittens, mit welcher Liebe der heilige Geist sie mit mir vereint.«

Ein andermal wurde jemandem, der für sie betete, diese Antwort gegeben: »Sie ist meine Taube ohne Galle[25)], denn jede Sünde weist sie mit Abscheu wie Galle aus ihrem Herzen. Sie ist eine Lilie, die ich voll Freude in den Händen trage, weil es mein höchstes Glück ist, mich mit einer keuschen und reinen Seele zu erfreuen. Sie ist meine duftende Rose, das heißt, sie ist geduldig und dankt mir in Widerwärtigkeiten. Sie ist eine Frühlingsblume, die meinen Augen gefällt, denn sie strebt und verlangt nach Tugenden und jeder Vollkommenheit. Sie ist ein lieblich klingender Ton an meinem Diadem, von dem all ihre Nöte wie goldene Glöckchen für alle Himmelsbewohner herabhängen.«

Als sie ein andermal vor der Fastenzeit im Konvent die vorgeschriebene Lesung hielt und mit besonderem Nachdruck vortrug, daß man den Herrn mit ganzem Herzen und ganzer Seele, mit aller Kraft lieben müsse, sagte eine ihrer Mitschwestern, von ihren Worten ergriffen, zum Herrn: »Mein Herr und mein Gott! Wie sehr wirst du von der geliebt, die dich mit so überzeugenden Worten lieben lehrt!« Ihr erwiderte der Herr: »Ich habe sie von Kindheit an in meinen Armen getragen und ernährt und sie mir rein bewahrt bis zu dieser Stunde, wo sie selbst sich mit vollem und ganzem Willen mit mir vereinigt hat; und von da an habe ich wiederum mich ihr mit der ganzen Kraft meiner Gottheit geschenkt. Deshalb bringt auch die glühende Liebe ihres Herzens zu mir ständig mein innerstes ihr zugewandtes Wesen so sehr zum Schmelzen, daß – so wie Fett im Feuer flüssig wird – die Schönheit meines göttlichen Herzens von der Glut ihres Herzens aufgelöst wird und ständig in ihre Seele tropft.« Der Herr fügte hinzu: »So großes Gefallen finde ich an dieser Seele, daß ich mich öfter, wenn mich andere Menschen beleidigen, bei ihr ausruhe und ihr die Herzensängste oder körperlichen Beschwerden zusende. Sie nimmt das in Vereinigung mit meinem Leiden so dankbar an und erträgt es so geduldig und demütig, daß ich dann, durch ihre Liebe versöhnt, Unzählige schone.«

Als schließlich jemand auf ihr Bitten hin um die Besserung ihrer Fehler betete, empfing er die Antwort: »Was meine Erwählte für Fehler hält, sind in Wahrheit große Fortschritte ihrer Seele. Denn die menschliche Schwäche wäre kaum in der Lage, die Wirkungen meiner Gnade in ihr vor dem Wind des eitlen Ruhmes zu schützen, wenn sie nicht unter dem Schein von Fehlern verborgen würden; und so, wie ein gut gedüngtes Feld zu reicheren Erträgen führt, so schöpft sie aus der Kenntnis ihrer Fehler reichere Gnadengaben.« Der Herr fügte hinzu: »Auch habe ich ihr für die einzelnen Fehler ein solches Geschenk gegeben, daß dadurch ihre Fehler in meinen Augen völlig getilgt werden. Wenn ich sie aber im Laufe der Zeit ganz in Tugenden umgewandelt habe, dann wird ihre Seele wie ein helles Licht strahlen.« Dies mag zum zweiten Zeugen genügen. An geeigneter Stelle soll noch mehr dazu gesagt werden.

4. Kapitel

Vom dritten Zeugen

Der dritte, noch wertvollere Zeuge ist ihr Lebenswandel, wo sie in Wort und Werk offen zeigte, daß sie in allem nicht ihren eigenen, sondern Gottes Ruhm suchte und ihn nicht nur suchte, sondern ihm so intensiv nachspürte, daß sie dafür nicht nur die eigene Ehre, sondern auch ihr Leben und in gewisser Weise die eigene Seele als wertlos ansah. Zum Zeugnis dafür kann man mit Recht jenes Herrenwort aus dem Johannesevangelium anführen: »Wer die Ehre dessen sucht, der ihn gesandt hat, der ist glaubwürdig, und in ihm ist keine Falschheit.«[26)] Wie glücklich ist die Seele, deren Wandel durch ein solches Zeugnis der Wahrheit des Evangeliums gebilligt wird! Auf sie nämlich trifft der Spruch der Weisheit zu: »Der Gerechte fühlt sich sicher wie ein Löwe.«[27)] Denn aus Liebe zur Ehre Gottes setzte sie sich in allem mit einem solchen geistigen Starkmut für Gerechtigkeit und Wahrheit ein, daß sie die Widrigkeiten verachtete, die sich daraus ergaben, wenn sie nur der Ehre ihres Herrn diente. Auch mühte sie sich öfter damit ab, alles zu sammeln und niederzuschreiben, was ihrer Meinung nach jemandem nutzen konnte. Sie tat das allein zur Ehre Gottes. Denn sie verlangte keinen Dank dafür, sondern war nur auf das Heil der Seelen bedacht. Wenn sie für jemanden einen größeren Nutzen erhoffte, dann teilte sie ihm eifrig mit, was sie niedergeschrieben hatte, vor allem dort, wo sie wußte, daß sogar die Heilige Schrift fehlte. Dort sorgte sie um so lieber für das Recht, um alle für Christus zu gewinnen. Ruhe und Schlaf zu unterbrechen, das Essen aufzuschieben und alles zu unterlassen, was der Erquickung ihres eigenen Körpers diente; das war für sie mehr Freude als Last. Selbst die Kontemplation unterbrach sie mehrfach, wenn es nötig wurde, jemandem in der Versuchung beizustehen, einen Trostlosen zu trösten oder jemanden in der Liebe zu stärken. Denn so, wie in Feuer geworfenes Eisen ganz Feuer wird, so wurde sie, von der göttlichen Liebe entflammt, ganz Liebe, brennend nach dem Heil aller.

Mit dem Herrn der Majestät hatte sie so bedeutende und zahlreiche Unterredungen wie kaum ein anderer Mensch zu unserer Zeit; und doch führte das bei ihr zu immer größerer Demut. Deshalb pflegte sie zu sagen, daß alles, was sie Unwürdige und Undankbare von der überströmenden Güte des Herrn umsonst empfange, ihrer Meinung nach wegen ihrer Niedrigkeit gleichsam im Schmutz liege, solange sie es zurückbehalte und allein genieße. Hatte sie es aber jemandem mitgeteilt, so schien es ihr, als habe sie einen Edelstein mit Gold eingefaßt. Denn sie hielt jeden Menschen für würdiger als sich und glaubte, jeder Mensch könne auf Grund seiner Unschuld und seines Lebenswandels schon durch einen einzigen Gedanken mehr zur größeren Ehre Gottes beitragen, als das ihr mit allen Bußübungen des Körpers wegen ihres unwürdigen Wandels und ihrer Nachlässigkeiten möglich wäre. Und nur aus dem Grunde sprach sie zu jemandem über die ihr von Gott gemachten Geschenke, weil sie sich ihrer für ganz und gar unwürdig hielt und sich überhaupt nicht vorstellen konnte, daß sie ihr um ihrer selbst willen gegeben wurden, sondern dachte, sie sollten vor allem dem Heil der anderen dienen.

5. Kapitel

Von den Kennzeichen und dem Schmuck des geistigen Himmels

Der heilige Bernhard schreibt in seiner Erklärung des Hohenliedes: »Ich glaube, die heilige Seele ist nicht nur himmlisch wegen ihres Ursprungs, sondern sie kann auf Grund der Ähnlichkeit mit Recht ein Himmel genannt werden. Denn ihre Heimat ist der Himmel.«[28] Deshalb sagt die Schrift: »Die Seele des Gerechten ist der Wohnsitz der Weisheit.«[29] und: »Der Himmel ist mein Thron.«[30] Wer aber weiß, daß Gott ein Geist ist, der wird ihm auch einen geistigen Wohnsitz zuschreiben. In dieser Anschauung bestärkt mich vor allem jene Verheißung: »Wir werden zu ihm« (das heißt, zu dem heiligen Menschen) »kommen und bei ihm wohnen.«[31] Auch glaube ich nicht, daß der Prophet mit folgenden Worten einen anderen gemeint hat: »Du aber, Lobpreis Israels, wohnst in dem Heiligen.«[32] Schließlich sagt auch der Apostel eindeutig, daß Christus durch den Glauben in unserem Herzen wohnt.[33] Ich aber sehne mich aus der Ferne nach jenen Seligen, über die es heißt: »Ich will unter ihnen wohnen und mit ihnen gehen.«[34] Wie groß ist die Weite jener Seele, wie groß ist ihr Vorrang an Verdiensten, wenn Gott in ihr gegenwärtig ist und sie für würdig gehalten wird, ihn aufzunehmen, und fähig, ihn zu fassen, und sie auch genug Räume und Säulengänge für das Werk der Majestät besitzt. Sie wuchs nämlich zu einem heiligen Tempel im Herrn[35], wuchs nach dem Maß der Liebe, die die Größe der Seele ist. Die heilige Seele also ist ein Himmel, der als Sonne die Erkenntnis, als Mond den Glauben und als Sterne die Tugenden hat; oder auch: die Sonne ist die Gerechtigkeit oder der Eifer der glühenden Liebe, und der Mond ist die Enthaltsamkeit. So braucht man sich nicht zu wundern, wenn der Herr Jesus diesen Himmel gern bewohnt. Denn er hat nicht, wie bei den übrigen, nur gesagt, er solle werden, sondern er hat gekämpft, um ihn zu erwerben, und hat ihn durch seinen Tod erkauft. Deshalb sprach er, als er nach der angestrengten Arbeit seinen Wunsch erfüllt sah: »Dies ist für immer der Ort meiner Ruhe; hier will ich wohnen.«[36)]

Zu diesen glücklichen Seelen, die nach den Worten des heiligen Bernhard Gott dem sichtbaren Himmel als Wohnung vorzog, gehörte Gertrud. Ich will daher, so gut ich kann, erläutern, was ich im Laufe mehrerer Jahre auf Grund der geistlichen Vertrautheit von ihr habe erfahren können. Der oft genannte heilige Bernhard sagt, daß der geistige Himmel, also eine heilige Seele, in der der Herr wohnen kann, nicht mit Sonne, Mond und Sternen, sondern mit Tugenden geschmückt sein muß. Deshalb möchte ich hier kurz darlegen, welche Strahlen besonderer Tugend sie aus sich entsandte, damit niemand bezweifeln kann, daß der Herr der Tugenden in ihrem Innersten Wohnung genommen und sie außen mit der Schönheit des Lichtglanzes wunderbar gechmückt hat.

6. Kapitel

Von ihrer standhaften Gerechtigkeit

Die Gerechtigkeit oder der Eifer der glühenden Liebe, den der heilige Bernhard oben unter der Sonne versteht, war in ihr in einem so starken Maße ausgeprägt, daß sie sich zu ihrer Verteidigung mitten in die Schlachtreihen von Tausenden Bewaffneten gestürzt hätte, wenn die Situation das verlangt hätte; und kein Freund war ihr so viel wert, daß sie ihn in einer ungerechten Sache selbst gegen seinen Todfeind auch nur mit einem einzigen Wort unterstützt hätte. Denn eher hätte sie auf einen gerechten Grund hin einem Nachteil für ihre Mutter zugestimmt als einer Ungerechtigkeit gegen einen auch noch so lästigen Feind. Wenn es erforderlich wurde, jemanden zu ermahnen, überwand sie die ihr sonst in hohem Maße eigene Scheu. Sie legte die menschliche und ungeordnete Furcht ab und vertraute auf den, mit dessen Glauben sie bewaffnet war und dessen Dienst sie die ganze Welt unterwerfen wollte. Den Griffel ihrer Zunge tauchte sie in das Blut ihres Herzens und formte ihre Worte so liebevoll und weise, daß kaum ein hartherziger oder schlechter Mensch, der noch einen Funken von Liebe besaß, durch ihre Worte nicht erweicht wurde oder wenigstens den Willen und den Wunsch nach Besserung in sich spürte. Merkte sie nun, daß jemand zerknirscht und erschüttert war, so wandte sie sich ihm mit tiefem Mitleid zu und nahm ihn im zärtlichen Schoß der Liebe auf, damit er Trost erfahren sollte. Doch zeigte sie das nicht so sehr in ihren Worten, sondern durch andächtige

Gebete und Wünsche für ihn vor Gott. Denn sie hütete sich stets, durch Worte jemanden so in Freundschaft an sich zu fesseln, daß er sich dadurch von Gott entfernte. Menschliche Freundschaft, die ihr Fundament nicht in Gott hatte, lehnte sie wie etwas Todbringendes ab. Deshalb konnte sie auch nicht ohne große Herzensqual ein freundschaftliches Wort von solchen Leuten anhören, die sich ihr gegenüber in zu menschlicher Weise betrugen. Auch vermochte sie es nicht, einen noch so notwendigen Dienst von ihnen anzunehmen, sondern sie wollte lieber auf jede menschliche Hilfe und Unterstützung verzichten als zulassen, daß sich jemand in ungeordneter Weise mit ihr beschäftigte.

7. Kapitel

Von ihrem Seeleneifer

Der deutlichste Ausdruck ihres Seeleneifers und ihrer Leidenschaft für den Glauben waren ihre Worte und Taten. Denn wenn sie bei einem anderen einen Fehler bemerkte, den sie nicht zu bessern vermochte, dann belastete das ihre Seele so sehr, daß sie keinen Trost finden konnte, bis sie durch Gebete vom Herrn oder durch Ermahnungen, die sie selbst aussprach oder durch andere vorbringen ließ, wenigstens eine kleine Besserung erreicht hatte. Wenn aber jemand in menschlicher Manier gleichsam zum Trost sagte, sie solle sich nicht um jemanden sorgen, der sich nicht bessern wolle, denn er werde ja nur für den selbstgewollten Schaden büßen, dann widersprach sie mit so großem Schmerz, als ob ein Schwert ihr Inneres durchbohre. Sie sagte, sie wolle lieber sterben, als sich so über das Unglück eines Menschen trösten zu lassen. Denn dieser müßte ja dann erst die Erfahrung machen, wenn er nach dem Tode ewig verdammt würde. Wenn sie deshalb in heiligen Büchern etwas Nützliches fand, was für weniger kluge Menschen zu schwierig war, dann änderte sie den lateinischen Ausdruck und schrieb es zum größeren Nutzen der Leser in verständlichem Stil nieder. So verbrachte sie ihr ganzes Leben von früh bis spät. Bald kürzte sie weitschweifige Passagen, bald erläuterte sie schwierige Stellen, denn sie wollte zum Lob Gottes und zum Heil ihrer Nächsten beitragen.

Über die Bedeutung solchen Tuns schreibt Beda mit treffenden Worten: »Welche Gnade kann erhabener und welcher Lebenswandel für Gott angenehmer sein, als wenn sich jemand Tag für Tag fleißig darum müht, andere zur Gnade ihres Schöpfers zu führen, zahlreiche Seelen zu gewinnen und so die Freude des himmlischen Vaterlandes ständig zu vermehren?«[37] Und der heilige Bernhard sagt: »Die wahre und lautere Betrachtung erfüllt die Seele, die sie mit göttlichem Feuer entflammt hat, manchmal mit so großer Sehnsucht, für Gott solche Menschen zu gewinnen, die ihn in ähnlicher Weise lieben, daß sie die Ruhe der Betrachtung aus Liebe zur Verkündigung des göttlichen Wortes sehr gern unterbricht und danach um so brennender zur Betrachtung zurückkehrt, je fruchtbarer die Unterredung war.«[38] Denn wenn Gott nach dem Zeugnis des heiligen Gregor kein Opfer so gefällt wie der Seeleneifer[39], dann wundert es nicht, wenn der Herr Jesus so gern und gnädig diesen lebenden Altar bewohnt, von dem ihm der Duft des angenehmsten Opfers ununterbrochen entgegensteigt.

Eines Tages stand der Herr Jesus, der Schönste von allen Menschen[40], vor ihr. Auf seinen königlich zarten Schultern ruhte ein sehr großes Haus, das bald einzustürzen drohte und über ihn geneigt schien; und der Herr sagte zu ihr: »Schau, mit wie großer Mühe und Anstrengung ich mein geliebtes Haus, das Ordensleben, stütze. Es ist fast auf der ganzen Welt aufs äußerste gefährdet, weil es überall nur sehr wenige Menschen gibt, die zu seiner Verteidigung oder Förderung treu und angestrengt arbeiten oder etwas auf sich nehmen wollen.

Deshalb, Geliebte, schau auf mich und habe mit meiner Ermüdung Mitleid.« Der Herr fügte hinzu: »Alle, die in Wort und Tat das Ordensleben fördern, stützen wie tragende Säulen mit mir dieses Haus und erleichtern mir diese drückende Last.« Diese Worte bewegten sie zutiefst und forderten sie zu größerem Mitleid mit Gott, dem Herrn, ihrem lieben Freund, heraus; und sie mühte sich manchmal sogar über ihre Kräfte in der strengsten Beachtung der Ordensregel ab, um anderen ein gutes Beispiel zu geben. Als sie sich aber eine Zeitlang treu dieser Übung unterzogen hatte, ertrug der gütige Herr die Beschwerden seiner Geliebten nicht länger, sondern er wollte sie zur Ruhe wohltuenderer Kontemplation führen. Deshalb ließ er ihr durch mehrere seiner Vertrauten mitteilen, sie solle sich nun von einer solchen Anstrengung ausruhen und mit ganzer Hingabe nur für ihn, ihren Bräutigam, frei sein. Das versuchte sie nun oft, und mit frischem Eifer des Geistes gab sie sich ganz der

Ruhe der Betrachtung hin, voller Freude und Glück einzig und allein ihrem vertrautesten Freund zugewandt, von dem sie durch die wirksame Eingießung seiner Gnade fühlte, daß auch er sich ihr ganz zugewendet hatte.

An dieser Stelle möchte ich anführen, was ihr eine gottgeweihte Person auf Grund göttlicher Offenbarung in einem Brief schrieb: »Du fromme Braut Christi, nimm teil an der Freude deines Herrn.[41] Denn sein göttliches Herz ist dir ganz zugewandt, weil du dich so treu um die Verteidigung der Wahrheit gemüht hast. Deshalb möchte er, daß du nach seinem und nach deinem Wunsch unter dem Schatten[42] seiner beruhigenden Tröstung ausruhst. Denn wie ein fest verwurzelter Baum, der an Wasserbächen gepflanzt ist, reiche Frucht bringt[43], so bringst auch du mit Hilfe der göttlichen Gnade deinem Geliebten köstliche Früchte hervor durch deine Gedanken, Worte und Werke; und du wirst nie unter der sengenden Glut einer Verfolgung verdorren können, denn stets tränkt dich der reiche Strom der göttlichen Gnade. Weil du nämlich in all deinen Werken einzig und allein das Lob Gottes und nicht deinen eigenen Ruhm suchst, bringst du deinem Geliebten hundertfache Frucht aus allem, was du erreichen oder in anderen bewirken möchtest. Außerdem gleicht der Herr Jesus selbst für dich bei Gott Vater jeden Fehler aus, der dich bei dir oder bei anderen betrübt, und beschließt, dich für das einzelne so zu belohnen, als wenn du die volle Wirkung erzielt hättest. Deshalb freuen sich alle himmlischen Scharen mit dir, und voll Dank loben und preisen sie den Herrn für dich.«

8. Kapitel

Von ihrer mitleidvollen Liebe

Neben ihrem bereits erwähnten Eifer für die Gerechtigkeit zeichnete sie auch eine sehr große mitleidvolle Liebe aus. Sah sie nämlich jemanden aus vernünftigem Grunde betrübt oder hörte sie, daß jemand in weiter Ferne niedergedrückt sei, dann gab sie sich alle Mühe, ihn mit Worten aufzurichten oder durch einen Brief zu ermuntern; und so, wie ein Kranker in heftiger Fieberglut von Tag zu Tag auf Genesung oder Erleichterung hofft, ebenso flehte sie von Stunde zu Stunde zum Herrn um Trost für alle, von deren Leid sie wußte. Nicht nur gegenüber den Menschen, sondern auch gegenüber allen Geschöpfen des Herrn empfand sie ein tiefes Mitgefühl; und wenn zum Beispiel Vögel oder Tiere der Erde unter Hunger, Durst oder Hitze litten, dann bewegte sie das Leid dieser unvernünftigen Wesen sehr stark. In ihrer frommen Gesinnung opferte sie es deshalb dem Herrn zum ewigen Lobe auf, und zwar in Einheit mit der Würde, in der jedes Geschöpf in ihm aufs höchste vollendet und geadelt ist. Zugleich bat sie den Herrn darum, sich seines Geschöpfes zu erbarmen und seine Qual zu lindern.

9. Kapitel

Von ihrer wunderbaren Enthaltsamkeit

Auch die Enthaltsamkeit, die der heilige Bernhard mit dem Mond vergleicht[44)], zeigte sich deutlich an ihr. So bekannte sie, in ihrem ganzen Leben das Gesicht eines Mannes niemals so genau angeschaut zu haben, daß sie etwas über sein Aussehen wüßte. Und alle, die sie kannten, könnten bestätigen, daß sie auch bei einem langen Gespräch mit einem heiligen oder gut bekannten Mann diesen höchstens einmal angeblickt hatte. Diese Enthaltsamkeit zeichnete sie nicht nur beim Sehen, sondern auch beim Reden, Hören und den anderen körperlichen Regungen aus, so daß ihre vertrauten Mitschwestern manchmal im Scherz sagten, man dürfe sie mit Recht wegen der Reinheit ihres Herzens zu den Reliquien auf den Altar stellen. Denn mehr als alle Menschen, die ich kenne, fand sie in der Heiligen Schrift und damit in Gott ihre Freude; und das ist das beste Mittel zur Bewahrung der Keuschheit. So sagt Gregor: »Hat man einmal den Geist gekostet, so schmeckt das Fleisch nicht mehr;«[45)] und Hieronymus meint: »Liebe die Wissenschaft, und du wirst die Laster des Fleisches nicht lieben.«[46)] Auch daran, wie sie die Heilige Schrift las, kann man ihre Enthaltsamkeit deutlich erkennen. Denn wenn sie zufällig auf etwas stieß, das eine fleischliche Erinnerung wecken konnte, so übersprang sie es und errötete dabei in jungfräulicher Scham. Wurde sie jedoch manchmal von unverständigen Leuten über solche Dinge um Rat gefragt, so wich sie in ängstlicher Scheu aus. Denn sie hätte lieber Folterqualen erduldet, als solche Worte anzuhören. Wenn sie aber wegen des Seelenheils über solche Dinge reden mußte, dann schien sie das ohne Scheu und Zögern zu tun, wie sie es für nützlich und angemessen hielt. Ein älterer, sehr rechtschaffener Mann, mit dem sie einmal über ihre persönlichen Angelegenheiten gesprochen hatte, war von ihrer reinen Gesinnung tief beeindruckt und bezeugte später, er habe noch nie einen Menschen gefunden, der von jeder sinnlichen Erregung so frei war wie sie. Wer dieses eine Geschenk Gottes an ihr richtig schätzt, wird sich deshalb nicht darüber wundern, wenn ihr Gott vor anderen seine Geheimnisse geoffenbart hat; denn er selbst versichert im Evangelium: »Selig, die ein reines Herz haben; denn sie werden Gott schauen.«[47] Der heilige Augustinus bemerkt dazu: »Nicht mit den leiblichen Augen, sondern mit dem Herzen wird Gott geschaut; und wie man das Licht nur mit reinen Augen sieht, so kann man auch Gott nur mit einem reinen Herzen wahrnehmen, das von keiner Sünde belastet, sondern ein heiliger Tempel Gottes ist.«[48]

10. Kapitel

Von der Gabe des Vertrauens

Bewundernswert an ihr war nicht nur ihre Tugend. Auch für die Gabe des Vertrauens ließen sich zahlreiche Belege anführen. Denn stets war ihr Gewissen so ruhig, daß es keine Schwierigkeiten, Verluste oder

Hindernisse, ja nicht einmal ihre eigenen Fehler verdunkeln konnten, sondern sie besaß immer ein festes Vertrauen auf Gottes große Güte und Barmherzigkeit. Auch bedrückte es sie nicht sehr, wenn ihr der Herr manchmal die gewohnte Gnade entzog. Es schien ihr nicht wichtig zu sein, die Gnade zu besitzen oder nicht zu besitzen. Doch schöpfte sie im Unglück aus der Hoffnung Kraft. Denn sie war felsenfest davon überzeugt, daß der Herr bei ihr alles zum Guten führt;[49] und so, wie man voll Hoffnung einen Boten erwartet, der eine lang ersehnte Nachricht überbringt, so erwartete sie wegen der vorausgegangenen Sorgen und Nöte mit Freude und Vertrauen den göttlichen Trost in reicherem Maße. Niemals schien sie so niedergedrückt oder wegen ihrer Fehler so verzagt, daß sie nicht durch die Gegenwart der göttlichen Gnade aufgerichtet und für alle Geschenke Gottes aufnahmefähig wurde. Auch wenn sie sich selbst dunkel wie eine gelöschte Kohle vorkam, so atmete sie dennoch sofort durch das Mitwirken der Gnade Gottes auf, sobald sie sich durch die Hinkehr zu Gott aufzurichten bemühte, und empfing dann gewissermaßen bei ihrer Rückkehr in sich das Bild Gottes. Wie ein Mensch, der aus der Finsternis ins Sonnenlicht tritt, plötzlich erleuchtet wird, so fühlte sie, durch den Glanz der göttlichen Gegenwart erhellt, daß sie all den Schmuck und all die Schönheit empfangen hatte, die einer Königin zukommen, um im goldgeschmückten Gewand[50] vor dem König der Ewigkeit, dem unvergänglichen[51], zu stehen; und sie spürte, daß sie für den vertrauten Umgang mit Gott würdig gemacht und erwählt war.

Sobald sie sich jedoch von Sündenflecken getrübt fühlte, wovon das Leben der Menschen ja niemals frei ist, flüchtete sie zu den Füßen des Herrn Jesus, um sie abwaschen zu lassen. Wenn sie danach aber spürte, daß die göttliche Gnade reicher in sie einströmte, dann folgte sie dem göttlichen Willen bereitwillig und stellte sich ihm wie ein Werkzeug für jedes Werk der Liebe zur Verfügung, das an ihr und mit ihr ausgeübt werden sollte.

Durch dieses Vertrauen besaß sie auch eine große Gnade für den Empfang der Kommunion; und nichts, was sie aus der Heiligen Schrift oder von Menschen über die Gefahr einer unwürdigen Teilnahme hörte, konnte sie davon abbringen, stets gern und mit fester Hoffnung auf die Güte des Herrn zu kommunizieren. Ihre eigenen Bemühungen hielt sie für unbedeutend und fast wertlos. Deshalb unterließ sie die Kommunion niemals, auch wenn sie Gebete und ähnliche Übungen, die im allgemeinen zur Vorbereitung gehören, nicht hatte verrichten können. Denn sie war der Auffassung, daß gegenüber diesem unvergleichlichen und unverdienten Geschenk jede menschliche Anstrengung nicht mehr bedeutet als ein Tropfen im unermeßlichen Weltmeer. Nicht um die Art der Vorbereitung ging es ihr, sondern vor allem darum, im Vertrauen auf die unveränderliche Freigebigkeit des Herrn mit reinem Herzen und andächtiger Liebe dieses Sakrament zu empfangen. Auch alle geistlichen Gnadengüter, die sie erhielt, schrieb sie allein dem Vertrauen zu, weil sie der Meinung war, daß sie gerade diese wertvolle Gabe des Vertrauens umsonst und ganz ohne eigene Verdienste vom Spender aller Gnaden empfangen habe.

In diesem Vertrauen wünschte sie sich oft den Tod, doch nur in Einklang mit dem göttlichen Willen; denn Leben und Sterben war für sie stets von gleichem Wert. Durch den Tod nämlich hoffte sie, die Seligkeit zu erlangen, durch längeres Leben aber, die göttliche Ehre zu vergrößern. Als sie einmal beim Gehen oben auf einer Stufe ausglitt, empfand sie sofort eine wunderbare Freude und sprach zum Herrn: »Wie gut wäre es für mich, mein geliebter Herr, wenn ich durch diesen Fall plötzlich die Gelegenheit erhielte, zu dir zu kommen!« Als wir uns über ihre Worte wunderten und sie fragten, ob sie sich denn nicht fürchte, ohne den Schutz der kirchlichen Sakramente zu sterben, antwortete sie: »Von Herzen wünsche ich, durch die das Heil spendenden Sakramente gestärkt zu werden, doch halte ich den Willen und die Vorherbestimmung meines Herrn für die beste und sicherste Vorbereitung. Sehr gern also werde ich zu ihm auswandern, ganz wie er es will, ob der Tod nun plötzlich oder vorhergesehen an mich herantritt. Auf welche Weise ich auch sterben werde, ich bin sicher, daß der Herr mir seine Barmherzigkeit schenkt. Denn ohne sie kann ich weder bei einem lange vorhergesehenen noch bei einem plötzlichen Tode selig werden.«

In ähnlicher Weise bewahrte sie bei allen Ereignissen die innere Fröhlichkeit, weil sie sich stets an Gott ausrichtete. In allem war sie so ausdauernd und beständig, daß das folgende Sprichwort über sie gesagt werden könnte: »Wer auf Gott vertraut, ist stark wie ein Löwe.«[52] Die Gabe des Vertrauens bezeugte ihr der Herr so: Als eines Tages jemand den Herrn nach etwas fragte, jedoch keine Antwort erhielt und sich darüber wunderte, gab der Herr schließlich diesen Bescheid: »Ich habe dich deshalb auf eine Antwort warten lassen, weil du nicht auf das vertraust, was ich in dir bewirken möchte, wie es diese meine Geliebte tut, die mir grenzenlos vertraut und sich in allem ganz auf meine Güte verläßt. Ihr werde ich deshalb nichts von dem abschlagen, worum sie mich bittet.«

11. Kapitel

Von der Demut und mehreren anderen Tugenden

Unter den zahlreichen wie Sterne schimmernden Tugenden, mit denen sie der Herr sich zur Wohnung ausgeschmückt hatte, erstrahlte mit besonderem Glanze die Demut, die das Gefäß für alle Gnaden und die Bewahrerin aller Tugenden ist. Denn in ihrer Demut hielt sie sich aller Geschenke Gottes für unwürdig und glaubte nicht, daß sie auch nur eines davon zu ihrem eigenen Wachstum empfange, sondern sie sah sich als Kanal an, durch den auf Grund einer verborgenen Vorherbestimmung Gottes Gnade in seine Auserwählten einströme. Da sie selbst ganz unwürdig sei, würde sie auch alle Geschenke Gottes, die kleinsten ebenso wie die größten, völlig unwürdig und ohne Frucht empfangen, einzig mit der Ausnahme, daß sie sich darum mühe, sie schriftlich oder mündlich zum Nutzen der Nächsten auszuteilen. Dabei war ihre Treue Gott gegenüber ebenso groß wie ihre Demut, so daß sie oft bei sich dachte: »Auch wenn ich nach meinem Tod wegen meiner Sünden in der Hölle leiden muß, so freue ich mich trotzdem, daß der Herr dann die Frucht seiner Geschenke bei anderen entgegennimmt.« Sie war der Meinung, daß ein Geschenk Gottes bei jedem anderen besser aufgehoben wäre als bei ihr, bot sich aber trotzdem zu jeder Stunde für alle Gaben Gottes als Ausspenderin zum Nutzen ihrer Mitmenschen an, so als ob sie das selbst weniger betreffe als die anderen, die sie durch ihre Vermittlung empfingen. Sich selbst aber hielt sie für die Letzte von denen, über die der Prophet sagt: »Alle Völker sind vor Gott wie ein Nichts;«[53] und ferner: »Sie gelten soviel wie ein Stäubchen.«[54] Denn wie ein Stäubchen durch einen leichten Schatten vor dem Strahl der Sonne verborgen bleibt, so strebte sie danach, vor den herrlichen Gnadengaben Gottes auszuweichen, sich von ihnen abzuwenden und sie nur dem zuzuerkennen, der denen mit seinem Anhauch zuvorkommt, die er beruft, und die mit seiner Hilfe begleitet, die er rechtfertigt. Sich selbst aber klagte sie an, in ihrem Undank so unverdienter Gaben nicht wert zu sein. Doch konnte sie zur Ehre Gottes nicht von seiner Liebe zu ihr schweigen, sondern sie bemühte sich, auch zu anderen darüber zu sprechen, und zwar in der Absicht, in der sie zu sich sagte: »Es ist völlig unangemessen, daß Gottes Güte gegen mich anderen weniger Gewinn bringt als mir mit meinen so vielen Fehlern.«

So sprach sie einmal während einer Reise in ihrer großen Demut zum Herrn: »Als eines deiner größten Wunder, Herr, sehe ich vor allem das an, daß diese Erde mich ganz unwürdige Sünderin trägt.« Diese Worte beeindruckten den Herrn in seiner Huld, der jeden erhöht, der sich selbst erniedrigt[55], und er antwortete sehr gütig: »Gern bietet sich dir die Erde zum Betreten an, wo doch der ganze Himmel mit großer Freude auf die so glückliche Stunde wartet, in der er dich tragen darf.« Wie wirklich wunderbar und schön ist doch Gottes Güte, die eine Seele umso mehr ehrt und emporhebt, je stärker diese die Erkenntnis ihrer eigenen Wertlosigkeit zu Boden drückt! Ruhmsucht verachtete sie. Drängte sich ihr aber beim Gebet oder einem guten Werk ein derartiger Gedanke auf, dann dachte sie bei sich: »Wenn jemand dieses Gute sieht und zur Nachahmung angeregt wird, dann hat dein Herr diese Frucht des Lobes von dir.« Denn sie hatte bei einem solchen Werk die Vorstellung, in der Kirche Gottes das zu sein, was eine Vogelscheuche im Hause des Familienvaters ist. Sie taugt nur dazu, zur Reifezeit der Früchte über den Baum gebunden zu werden, um die Vögel zu vertreiben und die Früchte zu erhalten.

Wie sehr in ihr das herrliche Feuer der geistlichen Hingabe brannte, darüber hinterließ sie in mehreren ihrer sehr nützlichen Schriften ein außerordentlich anschauliches Zeugnis. Außerdem jedoch gab ihr auch er, der auf Herz und Nieren prüft[56)], ein solches Zeugnis. Denn als einmal ein frommer Mensch beim Gebet eine besondere Andacht empfand, sprach der Herr zu ihm: »Wisse: Mit einer so schönen Freude, wie du sie jetzt fühlst, erfülle ich sehr oft meine Auserwählte, die ich ohne eigenes Verdienst ausgewählt habe, um in ihr zu wohnen.«

Daß sie in wunderbarer Weise ihre Freude im Herrn fand, wurde darin deutlich, daß die vergänglichen Vergnügungen in ihr einen unglaublichen Widerwillen erregten. Denn »hat man«, wie Gregor sagt, »einmal den Geist gekostet, so schmeckt das Fleisch nicht mehr;«[57)] und der heilige Bernhard sagt: »Wer Gott liebt, dem ist alles zuwider, solange er den entbehrt, nach dem allein er sich sehnt.« Deshalb sagte sie auch einmal zum Herrn, müde von der Betrachtung der Nichtigkeit menschlichen Vergnügens: »Ich kann auf Erden nichts finden, was mich erfreut, außer dir allein, meinem liebsten Herrn.« Da erwiderte ihr der Herr: »In ähnlicher Weise finde auch ich weder im Himmel noch auf Erden etwas, was mir ohne dich Freude bereitet, weil ich dich durch die Liebe stets mit jeder meiner Freuden verbinde; und alles, was mich erfreut, bereitet mir so immer Freude in dir, und das um so mehr, je größerer Gewinn dir daraus erwächst.«

Wie beständig sie auch im Beten und Wachen war, kann man deutlich daran erkennen, daß sie an keinem Tage die gewohnte Gebetsstunde versäumte, es sei denn, sie lag krank im Bett oder war zum Lob des Herrn für das Heil ihrer Mitmenschen tätig. Deshalb tröstete sie der Herr im Gebet durch seine stets glücklich machende Gegenwart und erfreute sie so; und zu geistlichen Übungen befähigte er sie weit mehr, als irgendwelche Übungen des Körpers sie hätten stärken können. Die Ordensregeln, wie Besuch des Chores, Fasten und gemeinsame Beschäftigungen, beachtete sie mit großer innerer Freude und unterließ sie nur mit großem Bedauern. Bernardus sagt: »Wenn jemand einmal durch das Verkosten der Liebe berauscht worden ist, dann nimmt er froh jede Arbeit und jedes Leiden auf sich.« Ferner zeichnete sie eine so große Freiheit des Geistes aus, daß sie nichts, was ihrem Gewissen widersprach, auch nur eine Zeitlang ertragen konnte. Denn auch darin empfahl sie der Herr; und als ein frommer Mensch im Gebet danach fragte, was ihm an dieser seiner Auserwählten am meisten gefalle, erhielt er die Antwort: »Die Freiheit des Herzens.« Jener wunderte sich darüber, und weil er diese nicht genug schätzte, sprach er: »Ich, Herr, war der Meinung, das sei es, daß sie durch deine Gnade bereits zu einer größeren Erkenntnis und zu einer glühenderen Liebe gelangt sei.« Dazu erwiderte der Herr: »Es ist so, wie du glaubst, aber unter Mitwirkung der Gnade der Freiheit, die ein so wertvolles Gut ist, daß man durch sie direkt die Vollkommenheit erreicht. Denn sie ist deshalb zu jeder Stunde für meine Geschenke aufnahmebereit, weil sie niemals in ihrem Herzen etwas duldet, was mich von ihr fernhalten könnte.« Diese große Freiheit führte auch dazu, daß sie niemals etwas behielt, was sie nicht benötigte. Erhaltene Geschenke gab sie sofort an andere weiter, am liebsten an Bedürftige, ohne dabei einen Unterschied zwischen Freund und Feind zu machen.

Kam ihr etwas in den Sinn, was sie zu tun oder zu sagen hatte, dann führte sie es sofort aus, um nicht beim Gottesdienst oder bei der Betrachtung irgendwie behindert zu werden. Daß ihm auch das gefiel, bestätigte der Herr durch eine Offenbarung. Denn als einmal Frau Mechthild, die Vorsängerin, den Herrn auf einem hohen und erhabenen Thron[58] erblickte, sah sie auch Gertrud in seiner Nähe gleichsam auf und ab gehen. Sie schaute den Herrn an und blickte voller Leidenschaft auf die Äußerungen des göttlichen Herzens. Als sich Mechthild darüber sehr wunderte, erhielt sie diese Antwort: »Diese meine Auserwählte führt, wie du siehst, einen solchen Lebenswandel, daß sie sich danach sehnt, sich zu jeder Stunde gleichsam ununterbrochen in meiner Nähe aufzuhalten, und zu erfahren verlangt, was meinem Herzen gefällt. Hat sie aber in einer Sache meinen Willen erkannt, dann müht sie sich sofort mit ganzer

Kraft darum, ihn zu erfüllen. Danach sucht sie weiter, was mir gefallen könnte, und führt es zuverlässig aus, so daß ihr ganzes Leben zu meinem Lob und meiner Ehre beiträgt.« Da sagte Mechthild: »Mein Herr, wenn Gertrud einen solchen Lebenswandel führt, wie kann sie dann die Übertretungen und Fehler der anderen so streng beurteilen?« Dazu antwortete der Herr gütig: »Sicher kann sie deshalb die Fehler ihrer Mitmenschen nicht gleichgültig ertragen, weil sie selbst an ihrem Herzen nicht den geringsten Flecken duldet.«

Bei der Kleidung und den übrigen Gebrauchsgegenständen achtete sie stets mehr auf die Notwendigkeit und den Nutzen als auf die Neuheit und Bequemlichkeit; und sie liebte ihr Eigentum nur unter dem Gesichtspunkt, wie es am besten zur Verehrung Gottes beitrug, so zum Beispiel das Buch, in dem sie öfter las, oder die Tafel, auf der sie häufig schrieb, oder auch die Bücher, in denen andere gern lasen und nach ihrer Aussage am meisten erbaut wurden. Diese und ähnliche Dinge waren ihr lieber, weil sie für das Lob des Herrn gleichsam einen größeren Dienst zu leisten schienen. Alles Geschaffene nämlich, das ihr der Herr zur Verfügung gestellt hatte, gebrauchte sie nicht für sich, sondern zum ewigen Lob des Herrn. Wenn sie nun etwas zum eigenen Gebrauch verwandte, dann freute sie sich darüber ebenso, als wenn sie es zur Ehre Gottes auf dem Altar geopfert oder als Almosen ausgeteilt hätte. Denn ob sie nun schlief, aß oder ihrem Körper eine andere Erholung gestattete, so freute sie sich, das ganz dem Herrn zu erweisen, wobei sie ihn in sich und sich in ihm sah nach dem Gebot des Herrn, der spricht: »Was ihr für einen meiner geringsten Brüder getan habt, das habt ihr mir getan.«[59] Sie hielt sich nämlich infolge ihrer Schlechtigkeit für das geringste aller Geschöpfe und glaubte deshalb, das, was sie für sich verwandte, für den Geringsten (im Reich) Gottes getan zu haben. Wie sehr das Gott in seiner Gnade annahm, offenbarte er ihr in folgender Weise: Als sie einmal, von einem Leiden bedrückt, ihrem Kopf etwas Linderung verschaffen wollte und deshalb zur Ehre Gottes ein Kräuterwasser im Mund hielt, neigte sich der gütige Herr freundlich und zärtlich zu ihr, so als ob er durch den Duft der Gewürze erquickt worden wäre, richtete sich nach einer Weile mit frischem und angenehmem Atem auf und sagte mit freudigem Blick in Gegenwart aller Heiligen: »Seht, was ich soeben Neues von meiner Braut erhalten habe.« Aber sie freute sich unendlich mehr, wenn sie einem ihrer Nächsten eine ähnliche Wohltat erwiesen hatte, so wie ein Geizhals sich freuen würde, wenn er für einen Pfennig 100 Mark bekäme.

All das Ihrige hatte sie völlig mit Gott gemeinsam. Wenn ihr nun manchmal mehrere Dinge angeboten wurden, von denen sie etwas nehmen mußte, zum Beispiel Speisen, Kleidung und dergleichen, dann streckte sie mit geschlossenen Augen die Hand aus, um auf diese Weise von Gott selbst das zu erhalten, was er für sie bestimmt habe. Was ihr dann in die Hände kam, nahm sie mit so großer Dankbarkeit an, als ob es ihr der Herr mit eigenen Händen gereicht hätte. Ob es nun das Beste oder das Schlechteste war, ihr gefiel es am allerbesten. Mit gleicher Gesinnung verfuhr sie bei allem, was sie zu tun hatte. Tiefes Mitleid erfaßte sie, wenn sie an die Heiden und Juden dachte, weil es diesen nicht möglich sei, so mit Gott etwas auszuwählen, wie sie selbst es tat.

Daß sie sehr bescheiden war, wird aus den folgenden Zeilen besonders deutlich. Sie war klüger als andere und besaß vor allem eine genaue Kenntnis der Heiligen Schrift; deshalb konnte sie auch zur großen Verwunderung der Zuhörer oft in einer Stunde vielen, die ihren Rat in unterschiedlichsten Angelegenheiten suchten, sehr durchdacht antworten. Trotzdem unterbreitete sie alles, was sie in eigener Sache tun sollte, mit demütiger Bescheidenheit dem Urteil anderer, auch wenn diese unter ihr standen. Ihrer Meinung folgte sie lieber als den eigenen Überlegungen.

Ich halte es für überflüssig, nun im einzelnen zu schildern, in wie hellem Licht auch die übrigen Tugenden an ihr erglänzten – nämlich der Gehorsam, die Enthaltsamkeit, die freiwillige Armut, die Klugheit, der Starkmut, die Mäßigkeit, das Mitleid, die Eintracht, die Standhaftigkeit, die Dankbarkeit, die Mitfreude, die Verachtung der Welt und viele andere – weil diese Tugend der maßvollen Unterscheidung, die als die Mutter aller Tugenden[60] gilt, sich ihrer Seele gänzlich bemächtigt hatte. Ferner hatte die bereits genannte Tugend des Vertrauens, die das Fundament aller Tugenden ist und der nichts versagt wird, wonach sie sich sehnt – vor allem, wenn es sich um die Tugenden handelt – in wunderbarer Weise von ihr Besitz ergriffen; und auch die vorhin beschriebene Demut, jene edle und sorgfältige Bewahrerin aller Tugenden, hatte ihre Wurzeln tief in ihren Geist gesenkt. Außerdem hatte die Königin der königlichen Tugenden, die Liebe zu Gott und den Mitmenschen, in ihrem innersten Wesen und äußeren Verhalten den Thron ihrer Herrschaft gefestigt, wie aus diesem Buch stets deutlich hervorgeht. Mich zu den einzeln genannten Tugenden detaillierter zu äußern, unterlasse ich um der Kürze willen, obwohl es dazu vieles zu sagen gäbe und manches stärker hervorgehoben werden könnte und dem frommen Leser nicht Verdruß, sondern Vergnügen bereiten würde. Das Gesagte soll zum Beweis genügen, daß Gertrud in Wahrheit einer von den Himmeln war, in denen der König der Könige auf einem von Sternen umgebenen Thron wohnt.[61]

12. Kapitel

Von den einleuchtenderen Zeugnissen des geistigen Himmels

An anderer Stelle, wo die Erhabenheit der geistigen Himmel gepriesen wird, heißt es über die Apostel: »Sie sind die Himmel, in denen du, Christus, wohnst, in deren Worten du donnerst, durch Zeichen blitzt und Gnade wie Tau gewährst.«[62] Deshalb möchte ich nun, so gut ich kann, aufzeigen, inwieweit diese drei Gesichtspunkte auch auf Gertrud zutreffen. Denn eine so wirksame Kraft war ihren Worten eigen, daß sie nur selten jemand unbeachtet lassen konnte; und es fiel ihr stets leicht, jemanden zu etwas zu überreden. Deshalb konnte man auch mit Recht das folgende Sprichwort auf sie anwenden: Worte von Gelehrten sind wie Ochsenstecken und sitzen wie eingetriebene Nägel.[63] Manchmal jedoch scheut sich die menschliche Schwäche, die Wahrheit zu hören, wenn sie mit der Kraft eines glühenden

Geistes vorgetragen wird. Als daher Gertrud einmal eine ihrer Vertrauten mit allzu harten Worten erregt hatte, versuchte diese, vom Geist der Liebe geleitet, im Gebet vom Herrn zu erreichen, die Glut des Eifers in ihr zu mäßigen. Da wurde sie so vom Herrn belehrt: »Als ich noch auf Erden war, glühte ich vor Leidenschaft, so daß mir bei allen jede Ungerechtigkeit zutiefst zuwider war, und darin ist Gertrud mir ähnlich.« Da entgegnete sie: »Herr, daß deine Worte auf Erden den schlechten Menschen hart erscheinen, ist etwas anderes, als wenn diese mit ihren Worten manchmal auch gute Menschen verletzen.« Dazu erwiderte der Herr: »Die Juden galten in jenen Tagen als die heiligsten Menschen, und doch haben vor allem sie an mir Anstoß genommen.« Ebenso ließ Gott seinen Auserwählten durch ihre Worte seine Gnade zuteil werden. Denn zahlreiche Leute bezeugten, daß sie durch ein einziges Wort aus ihrem Munde zuweilen tiefer erschüttert wurden als durch eine lange Rede erprobter Prediger. Zeugnis dafür gaben auch die aufrichtigen Tränen derjenigen, die manchmal zu ihr kamen und so widerspenstig schienen, als ob sie überhaupt nicht besiegt werden könnten; bereits nach wenigen ihrer Worte waren sie so betroffen, daß sie versprachen, in allem zu gehorchen, worin sie sollten.

Nicht nur durch Worte, sondern auch durch ihre Gebete erfuhren sehr viele diese Gnade, wenn sie sich ihnen empfohlen hatten. Denn so deutlich wurden sie von ernsten und langwierigen Beschwerden befreit, daß sie unter großem Staunen häufig ihre vertrauten Freundinnen darum baten, Gott und ihr Dank zu sagen. Auch muß man unbedingt erwähnen, daß einige während des Schlafes ermahnt wurden, ihr ihre Sorgen anzuvertrauen. Sobald sie das getan hatten, fühlten sie sich tatsächlich erleichtert. Mir scheint das von nicht geringerer Bedeutung als das »Blitzen durch (Wunder-) Zeichen«; denn ich meine, daß eine Erleichterung der Seele nicht weniger Dankbarkeit verdient als eine Erleichterung des Körpers. Um aber noch deutlicher zu zeigen, daß der Herr der Kräfte in ihr wohnte, will ich noch einiges hinzufügen, aus dem jenes »Blitzen durch Zeichen« noch klarer hervorgeht.

13. Kapitel

Von einigen Wundern

Einst herrschte noch im März so strenger Frost, daß den Menschen und Tieren der Untergang drohte. Zugleich hörte Gertrud einige darüber sprechen, daß es in diesem Jahr keinerlei Hoffnung auf irgendeine Frucht gebe, weil wegen der Stellung des Mondes die Kälte noch längere Zeit andauern würde. Deshalb betete sie eines Tages in der Messe, in der sie kommunizierte, dafür und für mehrere andere Anliegen andächtig zum Herrn und erhielt von ihm diese Antwort: »Sei fest davon überzeugt, daß du in allen Angelegenheiten, in denen du gebetet hast, erhört wurdest.« Sie erwiderte: »Herr, wenn ich fest daran glauben soll und du dafür mit Recht Dank verdienst, so gib mir als Beweis, daß die strenge Kälte nachläßt.« Als sie nun nach der Messe aus dem Chor ging, fand sie den ganzen Weg aufgeweicht, und Schnee und Eis tauten überall auf. Weil nun alle sahen, daß das gegen die natürliche Beschaffenheit der Luft geschah, wunderten sie sich, wie sich das hatte ereignen können; und weil sie nicht wußten, daß das Gottes Auserwählte durch ihr Gebet erreicht hatte, sagten sie, die milde Witterung werde leider nicht andauern, da sie vom normalen Ablauf abweiche. Dennoch folgte heiteres, freundliches Frühlingswetter und hielt die ganze Zeit über an.

Ein andermal regnete es zur Erntezeit mehr als reichlich. Deshalb vervielfachten alle ihre Gebete, denn sie waren in großer Sorge und Furcht um das Getreide und die übrigen Früchte. Eines Tages nun betete Gertrud so wirksam und ausdauernd zum Herrn, daß sie ihn versöhnte und sein festes Versprechen empfing, er wolle um ihretwillen die ungünstige Witterung mildern; und das tat er auch. Denn obwohl noch sehr viele Wolken aufzogen, strahlte am selben Tage die Sonne mit hellem Glanz auf die Erde.

Als aber abends nach dem Essen der Konvent den Hof betrat, um eine Arbeit zu verrichten, schien die Sonne zwar noch hell, zugleich aber hingen Regenwolken in der Luft. Da seufzte sie aus der Tiefe ihres Herzens, und ich hörte, wie sie zum Herrn sprach: »Herr, Gott des Weltalls, ich verlange nicht, daß du gleichsam gezwungen meinem Willen gehorchst. Wenn du aber in deiner grenzenlosen Güte um meinetwillen – gegen deine Gerechtigkeit – diesen Regen zurückhalten willst, dann bitte ich, daß es sofort regnet und dein Wille geschieht.« Noch hatte sie ihre Worte nicht beendet, da brachen – wie wunderbar! – Blitz, Donner und Regentropfen plötzlich mit Ungestüm hervor. Da sagte sie voll Staunen zum Herrn:

»Liebster Gott, bitte, halte in deiner Güte ein wenig ein, bis wir die im Gehorsam uns aufgetragene Arbeit abgeschlossen haben.« Auf ihr Bitten hin hielt der gütige Gott das Unwetter zurück, bis der Konvent seine Arbeit erledigt hatte. Als danach aber die Schwestern noch im Eingang standen, brach plötzlich ein so gewaltiger Regen mit Blitz und Donnergrollen los, daß diejenigen, die sich noch auf dem Hof aufhielten, völlig durchnäßt hereinkamen.

In mehreren Fällen erlangte sie in wunderbarer Weise und gleichsam ohne Gebet, manchmal nur durch ein Scherzwort, die göttliche Hilfe. Wenn ihr zum Beispiel, während sie im Gras saß, der Griffel, die Nadel oder ein anderer kleiner Gegenstand aus der Hand geglitten waren, dann sprach sie auch in Gegenwart aller zum Herrn: »Herr, wie sehr ich auch suchen würde, es bliebe ergebnislos. Gib du, daß ich es finde.« Und ohne die Augen dorthin zu richten, streckte sie die Hand aus und zog das Gesuchte sogleich aus dem Grase hervor, als ob sie es auf dem ebensten Fußboden liegen sähe. So rief sie bei allem, was sie zu tun hatte, den bedeutenden und unbedeutenden Dingen, stets den Geliebten ihrer Seele zu ihrer Unterstützung herbei und fand in ihm den zuverlässigsten und gütigsten Helfer.

Als sie danach wiederum wegen ungünstiger Witterung, und zwar wegen Wind und Trockenheit, den Herrn anrief, erhielt sie zur Antwort: »Ein Grund, der mich manchmal dazu veranlaßt, auf die Bitten von mir auserwählten Menschen einzugehen, ist zwischen mir und dir nicht nötig. Denn durch meine Gnade ist dein Wille mit dem meinen so völlig vereinigt, daß du nichts anderes wollen kannst, als ich will. Weil ich aber durch diese widrige Witterung einige

Widerspenstige dazu zwingen möchte, wenigstens im Gebet dafür ihre Zuflucht zu mir zu nehmen, gebe ich hierin deinem Gebet keine Wirkung; doch wirst du dafür ein geistliches Geschenk erhalten.« Dem stimmte sie sehr gern zu und freute sich von da an immer mehr, wenn sie im Gebet für solche Dinge nur erhört wurde, wenn es auch Gott gefiel. Weil aber der heilige Gregor bezeugt, es sei kein Zeichen von Heiligkeit, Wunder zu wirken, sondern den Nächsten wie sich selbst zu lieben – darüber wurde bereits genug gesagt –, sollen auch diese Worte zum Beweis dafür genügen, daß der Herr sie wahrhaft erwählt hat, um in ihr zu wohnen. Doch haben auch die Wunder nicht gefehlt, die wie Blitze aufleuchteten, um so allen den Mund zu verschließen, die Schlechtes gegen die aus eigenem Antrieb von Gott gegebene Gnade reden[64)], und das Vertrauen der Demütigen aufzurichten, die hoffen, daß ihnen all das nützt, was als Gottes Gabe zu ihrer Freude in jedem Auserwählten wohnt.

14. Kapitel

Von besonderen Vorzügen, die Gott ihr verlieh

An dieser Stelle möchte ich einiges anführen, was ich unter größerer Schwierigkeit ausfindig gemacht habe, als wenn es unter einem schweren Stein verschlossen gelegen hätte, außerdem noch andere Zeugnisse, die ich dem wahrheitsgetreuen Bericht vertrauenswürdiger Personen entnommen habe.

Es kamen nämlich sehr viele Menschen mit ihren Zweifeln zu ihr und fragten vor allem danach, ob sie wegen dieser oder jener Dinge auf die Kommunion verzichten müßten. Jedem, dessen Bedenken sie zerstreuen konnte, gab sie den Rat, im Vertrauen auf die Gnade und Barmherzigkeit Gottes zum Sakrament des Herrn hinzuzutreten, und manchmal drängte sie gleichsam mit Gewalt dazu. Einmal jedoch begann sie zu fürchten – wie das bei aufrichtigen Menschen zu geschehen pflegt –, daß sie sich bei solchen Antworten mehr herausnehme, als recht sei. Deshalb nahm sie ihre Zuflucht zur göttlichen Güte, an die sie gewohnt war, und legte ihr vertrauensvoll ihre Befürchtungen dar. Der Herr ermutigte sie mit den Worten: »Fürchte dich nicht, sondern sei getröstet, stark und sicher. Denn ich selbst, der Herr und Gott, dein lieber Freund, habe dich aus unverdienter Liebe geschaffen und erwählt, um in dir zu wohnen und mich an dir zu erfreuen, und gebe deshalb allen, die mich durch dich andächtig und demütig fragen, eine zuverlässige Antwort. Du selbst aber nimm von mir dieses feste Versprechen an: Niemals werde ich zulassen, daß jemand, den ich nicht für würdig halte, das Sakrament meines lebenspendenden Leibes und Blutes zu empfangen, dich darüber befragt. Deshalb verkünde allen, die ich in ihrer Bedrückung und Not zu dir schicke, sie sollen vertrauensvoll zu mir treten. Denn aus Gnade und Liebe zu dir werde ich keinem von ihnen den väterlichen Schoß verschließen, sondern sie liebevoll umarmen und ihnen nicht den wohltuenden Friedenskuß verweigern.«

Als sie ein andermal andächtig für eine Person betete und dabei die Befürchtung hatte, diese könnte hoffen, mehr von ihr zu empfangen, als sie selbst für sich erreichen könnte, antwortete ihr der Herr sehr gütig: »Wie viel jemand durch dich zu erreichen hofft, so viel wird er zweifellos von mir erhalten. Wenn du außerdem jemandem in meinem Namen etwas versprichst, dann werde ich ihm das mit Sicherheit gewähren, auch wenn er selbst infolge der menschlichen Schwachheit die Wirkung nicht immer spürt. Ich jedoch werde nach deinem Versprechen in seiner Seele einen Fortschritt bewirken.« Einige Tage später dachte sie an dieses Versprechen des Herrn, war sich dabei jedoch auch ihrer eigenen Unwürdigkeit bewußt und fragte den Herrn, wie es denn möglich sei, daß er durch sie, die völlig Wertlose, so wunderbare Dinge wirken wolle. Der Herr erwiderte: »Enthält nicht der Glaube der Kirche im allgemeinen, was ich einst allein dem Petrus verheißen habe mit den Worten: ›Was du auf Erden lösen wirst, das wird auch im Himmel gelöst sein‹[65]? Und glaubt sie nicht fest daran, daß das noch jetzt bei allen Dienern der Kirche geschieht? Warum also glaubst nicht auch du, daß ich das erfüllen kann oder will, was ich dir aus Liebe mit meinem göttlichen Mund verspreche?« Dann berührte er ihre Zunge und sprach: »Schau, ich habe meine Worte in deinen Mund gelegt[66], und ich werde mit meiner Wahrheit alle Worte bestätigen, die du auf Antrieb meines Geistes in meinem Namen jemandem sagen wirst; und wenn du auf Erden jemandem etwas von meiner Güte versprichst, dann wird das auch im Himmel bestätigt.« Da sagte sie: »Ich würde mich aber nicht freuen, wenn jemand einen Schaden erleiden müßte, weil ich, vom Geist getrieben, ihm mitzuteilen hätte, seine Schuld könne nicht ungestraft bleiben, oder etwas Ähnliches.« Der Herr entgegnete: »Wenn du aus Gerechtigkeit oder Eifer für die Seelen so sprichst, dann werde ich diesem Menschen meine Milde schenken und ihn zur Reue bewegen, damit er nicht mehr bestraft werden muß.« Da fragte sie den Herrn: »Wenn du, Herr, wirklich durch meinen Mund sprichst, wie du in deiner Güte sagst, wie kommt es dann, daß manchmal meine Worte bei bestimmten Leuten nur eine geringe Wirkung erzielen, obwohl ich sie doch mit so großer Sehnsucht nach deinem Lob zum Heil der Seelen vorbringe?« Darauf antwortete der Herr: »Wundere dich nicht darüber, daß deine Worte manchmal vergeblich sind. Denn auch damals, als ich in menschlicher Gestalt mit der Glut meines göttlichen Herzens predigte, habe ich bei manchen nichts erreicht. Denn durch meinen göttlichen Plan wird alles zu seiner Zeit geordnet.«

Als sie danach jemanden wegen eines Fehlers zurechtgewiesen hatte, nahm sie ihre Zuflucht zum Herrn und bat ihn andächtig darum, ihren Verstand mit dem Licht seiner göttlichen Erkenntnis zu erleuchten, um in jedem Fall nur eine solche Antwort zu erteilen, die die Zustimmung des göttlichen Willens findet. Der Herr erwiderte: »Fürchte dich nicht, meine Tochter, sondern habe Vertrauen. Denn ich zeichne dich mit dem Vorzug aus, daß du das Anliegen eines jeden, der dich demütig und vertrauensvoll um Rat fragt, im Lichte meiner göttlichen Wahrheit entscheidest und unter Berücksichtigung der Sache und Person so beurteilst wie ich. Wenn ich den Zustand eines Menschen für besorgniserregend halte, dann wirst du ihm in meinem Namen sehr ernst antworten; wenn aber meiner Meinung nach der Fall weniger bedenklich ist, dann werde ich dich liebevoller antworten lassen.« Da sprach sie im Wissen um ihre Unwürdigkeit mit demütigem Sinn[67)] zum Herrn: »Herrscher über Himmel und Erde, ziehe den reichen Strom deiner Gnade zurück und halte damit ein. Denn ich bin Staub und Asche[68)] und ein so großes Geschenk überhaupt nicht wert.« Freundlich und gütig entgegnete der Herr: »Ist es denn etwas Besonderes, dich über meine Feindschaften entscheiden zu lassen, wo du doch weit öfter die Geheimnisse meiner Freundschaft erfahren durftest?« Und der Herr fügte hinzu: »Jeder, der niedergedrückt und traurig ist und wirklich aufrichtig in deinen Worten Trost sucht, wird in seinem Wunsch nicht enttäuscht werden. Denn ich, dein in dir wohnender Gott, möchte in meiner grenzenlosen Liebe durch dich vielen Gutes tun; und die Freude, die dein Herz darüber empfindet, schöpft es mit Sicherheit aus dem Reichtum meines göttlichen Herzens.«

Als sie ein andermal für Leute betete, die sich ihr empfohlen hatten, erhielt sie vom Herrn die Antwort: »Wie früher jeder, der das Horn des Altares ergriff[69)], Freude darüber empfand, den Frieden gefunden zu haben, so wird jetzt, seitdem ich dich huldvoll zu meiner Wohnung auserwählt habe, jeder durch meine Gnade selig werden, der sich zuversichtlich deinem Gebet anvertraut.« Das wurde auch durch das Zeugnis der inzwischen verstorbenen Vorsängerin Frau Mechthild bestätigt. Als diese für sie betete, wurde ihr Gertruds Herz in Gestalt einer sehr festen Brücke gezeigt, die auf der einen Seite durch Christi Menschheit und auf der anderen durch seine Gottheit wie mit Mauern befestigt schien. Dabei hörte sie den Herrn sagen: »Alle, die über diese Brücke zu mir streben, können niemals fallen oder vom Wege abkommen;« das heißt: jeder, der ihre Worte annimmt und ihren Ermahnungen demütig gehorcht, wird in Ewigkeit nicht in die Irre gehen.

15. Kapitel

Wie der Herr sie zwang, seinen Auftrag zu erfüllen

Nachdem sie eingesehen hatte, daß es Gottes Wille war, diese Dinge anderen Menschen schriftlich mitzuteilen, überlegte sie verwundert, welchen Nutzen das bringen könnte. Denn sie hatte sich fest vorgenommen, daß niemand etwas davon erfahren sollte, solange sie lebte. Nach ihrem Tode jedoch, meinte sie, würden lediglich einsichtige Gläubige in Verwirrung geraten, weil sie in ihren Aufzeichnungen nichts finden könnten, was zu ihrem eigenen Fortschritt beitrüge. Auf diese Gedanken antwortete der Herr: »Wie man lesen kann, habe ich die heilige Katharina im Kerker besucht und zu ihr gesagt: ›Sei standhaft, meine Tochter, ich bin bei dir.‹ Meinem Lieblingsjünger Johannes habe ich Gnade erwiesen mit den Worten: ›Komm zu mir, mein Geliebter!‹ Und noch vieles andere habe ich bei diesen und bei anderen getan. Erwächst deiner Meinung nach daraus kein Nutzen, wenn dadurch die Frömmigkeit der Menschen vermehrt und meine Liebe zum Menschengeschlecht sichtbar wird? Ebenso kann bei einigen die Sehnsucht nach dem entzündet werden, was du von mir empfangen hast; und während sie dies betrachten, bemühen sie sich, ihr Leben einigermaßen zu ändern.«

Ein andermal wunderte sie sich wiederum darüber, warum sie der Herr durch seinen Geist so sehr zur Veröffentlichung dieser Schrift antrieb. Ihm sei doch genau bekannt, daß viele Kleingläubige daraus nicht nur keine Erbauung schöpfen, sondern das Buch sogar verachten und schmähen würden. Da belehrte sie der Herr mit folgenden Worten: »Ich habe meine Gnade in einem solchen Maße in dich gelegt, daß ich davon reiche Frucht fordere. Deshalb wünschte ich, daß alle, die über ähnliche Gaben verfügen, sie aber aus Nachlässigkeit geringschätzen, an Dankbarkeit wachsen und daß so meine Gnade in ihnen vermehrt wird, wenn sie darüber von dir hören und dadurch das ihnen selbst verliehene Geschenk erkennen. Wenn aber einige Bösartige diese Schrift schmähen wollen, dann komme ihre Sünde über sie, während du schuldlos bleibst. Denn der Prophet spricht in meinem Namen: ›Ich werde ihnen zum Anstoß.‹[70].«

So gewann sie auch durch dieses Wort die Erkenntnis, daß der Herr sehr oft seine Auserwählten dazu anstachelt, das zu tun, woran andere manchmal Anstoß nehmen. Doch dürfen die Auserwählten das nicht unterlassen, um Ruhe vor denen zu haben, die alles verdrehen. Denn der beste Friede herrscht dann, wenn das Böse durch das Gute besiegt wird, das heißt, wenn jemand das nicht unterläßt, was zum Lobe Gottes beiträgt, aber diejenigen, die alles verdrehen, durch Entgegenkommen und Zeichen des Wohlwollens versöhnt und besiegt, weil man so seinen Nächsten gewinnt.[71] Wenn man aber nichts erreichen könnte, so würde man trotzdem nicht um seinen Lohn kommen.[72] Hugo sagt: »Weil die Gläubigen immer etwas haben, woran sie zweifeln könnten, und die Ungläubigen, woran sie glauben könnten, wenn sie wollten, werden die Gläubigen mit Recht für ihren Glauben belohnt und die Ungläubigen für ihren Unglauben bestraft.«[73]

16. Kapitel

Wie ihr der Herr durch die Offenbarungen anderer Gewißheit gab

Weil sie sich wegen ihrer großen Wertlosigkeit und Schlechtigkeit Gedanken machte und sich so großer Gaben Gottes nicht für würdig hielt, mit denen sie der Herr in seiner Treue bedacht hatte, ging sie zu ihrer inzwischen verstorbenen Mitschwester Mechthild, die in der Gnade der Offenbarungen damals am meisten genannt und geachtet wurde, und bat sie demütig, den Herrn über die genannten Gnadengaben um Rat zu fragen. Doch wollte sie nicht, als ob sie zweifelte, über die empfangenen Geschenke Gewißheit erlangen, sondern sie sehnte sich danach, für die unverdienten Gaben zu größerer Dankbarkeit angeregt und für die Zukunft gestärkt zu werden, falls einmal ihre allzu große Unwürdigkeit sie zum Schwanken verführen sollte. Als nun Mechthild ins Gebet vertieft war, um den Herrn danach zu fragen, worum sie von Gertrud gebeten worden war, erblickte sie den Herrn Jesus, den jugendlichen und zärtlichen Bräutigam. Er war schöner als Tausende von Engeln und trug grüne Gewänder, die innen von goldener Farbe zu sein schienen; und sie sah, wie er die, für die sie betete, mit seiner Rechten liebevoll umarmte, so daß ihre linke Seite, wo das Herz liegt, gleichsam an die Öffnung seiner Liebeswunde angeheftet war. Sie hingegen umarmte ihn mit ihrer Linken. Als die heilige Mechthild verwundert wissen wollte, was denn diese Vision bedeute, antwortete ihr der Herr: »Die grüne Farbe meiner Kleider mit der goldenen Innenseite bedeutet, daß die Wirksamkeit meiner Gottheit ganz aus der Liebe grünt und blüht.« Er fügte hinzu: »Ganz grünt und blüht sie in dieser Seele. Daran aber, daß du ihr Herz an die Wunde an meiner Seite angeschmiegt siehst, sollst du erkennen, daß ich mir ihr Herz so angepaßt habe, daß sie zu jeder Stunde das Einströmen meiner Gottheit direkt aufnehmen kann.« Da forschte jene weiter: »Hast nicht du, mein Herr, dieser deiner Auserwählten solche Geschenke gegeben, damit sie allen, die mit Fragen zu ihr kommen, in der Wahrheit deiner Erkenntnis einen sicheren Bescheid geben kann? Und werden dabei nicht alle, die suchen, durch sie die Hilfe zum wahren Heil finden, wie du es ihr mit den Worten versprochen hast, die sie mir aus Demut geoffenbart hat, um eine Unterweisung zu erhalten?« Darauf erwiderte der Herr sehr gütig: »Gewiß; denn ich habe sie mit besonderen Vorzügen ausgezeichnet. Alles, was jemand durch ihre Vermittlung zu bekommen hofft, wird er mit Sicherheit erhalten; und wen sie für würdig hält, die Kommunion zu empfangen, den werde ich in meiner Barmherzigkeit nicht für unwürdig halten. Wenn sie jemanden zur Kommunion auffordert, dann werde ich ihn um so liebevoller ansehen; und schließlich wird sie die Fehler der einzelnen, die sie aufsuchen, die großen wie die kleinen, nach meinem göttlichen Urteil bewerten und richten. Weil es jedoch drei sind, die im Himmel Zeugnis ablegen[74)], nämlich der Vater, das Wort und der Heilige Geist, so muß auch sie auf drei Zeugnisse achten, wenn sie mit jemandem spricht: erstens, ob sie fühlt, daß der Geist sie innerlich antreibt; zweitens, ob der Betreffende über seinen Fehler Schmerz empfindet oder empfinden will; drittens, ob er guten Willen hat. Sobald sie nämlich diese drei Dinge berücksichtigt, soll sie sicher und zweifelsfrei antworten, was sie empfindet; denn ich werde mit Sicherheit alles billigen und bestätigen, was sie jemandem von meiner Güte versprochen hat.« Der Herr fügte noch hinzu: »Sooft sie mit jemandem reden will, soll sie vorher tief aufseufzen und dadurch den Anhauch meines göttlichen Herzens in sich aufnehmen. Was sie dann sagt, wird als völlig sicher gelten, denn weder sie noch ihre Zuhörer können darin getäuscht werden, daß das Geheimnis meines göttlichen Herzens durch ihr Wort bekannt wird.« Ferner sagte der Herr: »Sie soll das treue Zeugnis deiner Worte bewahren; und wenn sie nach längerer Zeit spürt, daß die empfangene Gnade ein wenig abnimmt, wie das durch vielfältige Beschäftigungen zu geschehen pflegt, dann soll sie nicht unsicher werden. Denn ich werde die genannten Vorzüge alle Tage ihres Lebens fest und unerschütterlich in ihr bewahren.«

Dann fragte sie den Herrn, ob es eine Schuld sei oder woher es komme, daß Gertrud zu jeder Stunde stets eifrig das tue, was ihr gerade einfalle, und daß es für ihr Gewissen immer gleich sei, ob sie bete, schreibe, lese oder die Mitmenschen unterweise, tadele oder tröste. Der Herr antwortete: »Ich habe in meiner Güte mein Herz so untrennbar mit ihrer Seele vereinigt, daß sie in allem mit mir ein Geist geworden ist und vor allem mit meinem Willen so übereinstimmt wie die Glieder des eigenen Körpers mit ihrem Herzen. Wenn ein Mensch in seinem Herzen denkt: Tu das! dann stimmt sofort seine Hand zu und bewegt sich zum Tun; oder wenn er denkt: Sieh das! dann stimmen sofort die Augen zu und öffnen sich sogleich. So ist auch Gertrud stets bei mir, um mit meiner Mitwirkung das zu vollbringen, was ich gerade beabsichtige. Ich habe sie nämlich so zur Wohnung erwählt, daß ihr Wille und damit auch alles, was sie mit ihrem guten Willen bewirkt, so eng mit meinem Herzen verbunden ist, als ob sie meine rechte Hand wäre, mit der sie tut, was ich will. Ihre Erkenntnis dient mir gleichsam als Auge, denn sie erkennt, worüber ich mich freue. Der Antrieb ihres Geistes ist mir wie eine Zunge, denn von diesem Geist getrieben, redet sie, was ich will. Ihr Urteilsvermögen dient mir gewissermaßen als Nase, weil ich die Ohren meiner Barmherzigkeit auf das richte, dem sie sich mit liebevollem Mitleid zuwendet. Ihre Absichten sind mir wie Füße. Denn sie strebt nur an, worin ich ihr folgen kann. Auf diese Weise wird sie durch den Antrieb meines Geistes stets zur Eile gedrängt, und nach Erledigung einer Aufgabe findet sie sich auf meine Veranlassung hin sofort zur Übernahme einer anderen bereit. In ihrem Gewissen aber kann es sie nicht belasten, wenn sie von den gewohnten Übungen etwas unterlassen hat, weil ja mein Wille in einem anderen Punkt erfüllt wurde.«

Auch eine andere in geistlicher Erkenntnis erfahrene Person betete und dankte Gott andächtig für die Gaben, die er Gertrud verliehen hatte, und empfing eine ähnliche Offenbarung über ihre oben beschriebenen Vorzüge und ihre Vereinigung mit Gott. Deshalb steht mit völliger Sicherheit fest, daß das von Gott stammt, dessen Zeugnisse fest und verläßlich[75] sind. Denn beide haben mit den Ohren der Erkenntnis den Hauch seines Flüsterns wie ein sanftes, leises Säuseln[76] vernommen. Dabei wußte die eine von der Offenbarung der anderen so wenig, wie die Römer wissen können, was die Einwohner Jerusalems in demselben Augenblick tun. Die zuletzt genannte Person fügte bei dem Bericht über ihre Offenbarung noch hinzu, ihr sei außerdem versichert worden, daß alle Gnadengaben Gottes, die Gertrud bereits empfangen habe, gering seien im Vergleich mit dem, was der Herr noch in ihre Seele eingießen wolle. »Sie wird«, ergänzte sie, »zu einer so innigen Vereinigung mit Gott gelangen, daß ihre Augen nur noch das erblikken, was Gott durch sie sehen will, und ihr Mund nur das spricht, was Gott durch ihn verkünden will; und ähnlich wird es auch bei den übrigen Sinnen sein.«

Wann sie aber dieses Geschenk vom Herrn empfing oder wie das geschah, ist nur ihm allein bekannt und derjenigen, die so glücklich war, es an sich zu erfahren; doch blieb es auch denen nicht verborgen, die, tiefer blickend, das Geschenk Gottes in ihr erkannten. Als Gertrud ein andermal Mechthild gefragt hatte, ob sie beim Herrn für sie um die Tugend der Sanftmut und Geduld beten könne – denn ihrer Auffassung nach fehlten ihr diese besonders – und sie das auf Grund der Bitte auch tat, antwortete ihr der Herr: »Die Gemütsruhe (Sanftmut), die mir an ihr gefällt, kommt von dem Wort Ruhen[77]. Denn seit ich in ihr ruhe, steht es ihr gut an, sich wie eine sanfte, zärtliche Braut zu verhalten, die ihren Bräutigam bei sich hat. Wenn diese nämlich ausgehen muß, hält sie die Hand des Bräutigams fest und veranlaßt ihn, mit ihr auszugehen. Wenn es ihr nun nötig scheint, aus der angenehmen inneren Ruhe herauszutreten, um die Nächsten zu unterweisen, dann soll sie davor stets auf ihre Brust das heilbringende Kreuzzeichen drükken, mit einem Wort meinen Namen aussprechen und voll Vertrauen in meiner Gnade alles sagen, was ihr gerade einfällt. Ähnlich kommt die Geduld, die ich an ihr schätze, von Friede und Wissen[78]. Deshalb ist ihr Streben nach Geduld so, daß sie auch bei einer Widerwärtigkeit nicht den Frieden ihres Herzens verliert, sondern stets zu wissen verlangt, warum sie leidet: nämlich aus Liebe zum Zeichen wahrer Treue.«

Ein anderer Mensch, dessen Gebet sich Gertrud empfohlen hatte, dem sie aber sonst völlig unbekannt war, erhielt im Gebet für sie diese Antwort: »Ich habe sie so zu meiner Wohnung erwählt, daß alles, woran ich meine Freude finde und was man an ihr liebt, mein Werk ist, und zwar in dem Maße, daß derjenige, der ihr Inneres, das Geistige, nicht kennt, wenigstens meine äußeren Gaben an ihr lieben soll, wie zum Beispiel ihre guten Anlagen, ihre Beredsamkeit und ähnliche Dinge. Deshalb habe ich sie von allen Verwandten weit entfernt, damit sie niemand wegen der Verwandtschaft, sondern jeder nur um meinetwillen lieben sollte.«

Ein anderer, der ebenfalls für Gertrud auf ihren Wunsch hin betete, wollte vom Herrn wissen, warum sie trotz des langjährigen Bewußtseins der göttlichen Gegenwart sehr nachlässig zu leben meine, obwohl sie doch nie eine so schwere Schuld auf sich geladen habe, daß das den Zorn des Herrn über ihre Sünden hervorgerufen hätte. Der Herr antwortete: »Daß ich mich ihr niemals erzürnt zeige, kommt daher, daß sie all meine Werke für wahrhaft gerecht und die besten hält und sich durch keine meiner Handlungen verwirren lassen will. Wenn ihr aber etwas Unangenehmes passiert, dann mildert sie stets diese Last durch das Wissen, daß das durch meine Vorherbestimmung geschehen ist. Deshalb zeige ich mich immer versöhnt, so wie es Bernhard formuliert: ›Wem Gott gefällt, der kann Gott nicht mißfallen.‹[79]«

Als sie nun erfahren hatte, daß der Herr in der ihm eigenen Güte diese Antwort über sie erteilt hatte, rief das, wie sie sagte, ihre tiefste Dankbarkeit hervor, und sie fügte ihren Worten noch hinzu: »Wie ist es möglich, mein liebster Freund, daß deine Güte über meine so zahlreichen und großen Fehler ebenso hinwegsieht, wie deine höchst vollkommene Handlungsweise, mein Gott, mir nicht mißfallen kann, da das doch keineswegs von meiner Tugend kommt, sondern weit eher von deiner vollkommenen Seligkeit?« Darüber belehrte sie der Herr durch ein Gleichnis: »Wenn ein Leser die Schrift eines Buches so klein findet, daß er sie nur mit Mühe entziffern kann, dann nimmt er eine Lupe, durch die die Schrift vergrößert wird. Das wird dann aber nicht durch das Buch bewirkt, sondern durch die Lupe. Ebenso ersetze auch ich einen Fehler, den ich bei ihr finde, durch den Reichtum meiner Güte.«

17. Kapitel

Von ihrer noch vertrauteren Annäherung an Gott

Als sie eine Weile vom Herrn nicht besucht worden war und darüber keinen Ärger empfand, fragte sie den Herrn einmal bei Gelegenheit, woher das komme. Der Herr antwortete: »Allzu große Nähe hindert Freunde manchmal daran, sich gegenseitig genau zu betrachten. So wird zum Beispiel jemand, der sich mit einem anderen durch eine Umarmung oder einen Kuß vereinigt, in diesem Augenblick daran gehindert, sich an seinem Wort oder Blick zu erfreuen.« Durch diese Worte erkannte sie, daß manchmal die Entziehung der Gnade das Verdienst des Menschen vervielfacht, wenn er nämlich bei der Entziehung der Gnade in nichts nachlässiger handelt, obwohl das mit größerer Mühe verbunden ist.

Während sie nun darüber nachdachte, warum der Herr mit seiner Gnade zu ihr jetzt anders als früher komme, sprach er zu ihr: »In den ersten Jahren habe ich dich öfter mit Antworten belehrt, die dich befähigen sollten, den anderen meinen Willen mitzuteilen. Jetzt aber lasse ich dich nur im Gebet im Geist meine Eingebung empfinden, die in Worten nach deinem Sinn nur schwer ausgedrückt werden könnte. Ich sammle in meiner Schatzkammer gewissermaßen den Reichtum meiner Gnade mit der Absicht an, daß jeder, was er sucht, bei dir wie bei einer Braut findet, die alle Geheimnisse ihres Bräutigams kennt und wegen des ständigen Zusammenlebens mit ihm in allem seinen Willen zu beachten weiß, der es aber trotzdem nicht zusteht, die Geheimnisse ihres Bräutigams aufzudecken, die sie der gegenseitigen Vertrautheit verdankt.«

Wenn sie deshalb für ein ihr dringend empfohlenes Anliegen betete, dann wollte sie nicht mehr wie vorher eine Antwort vom Herrn erhalten, sondern es genügte ihr völlig, wenn sie den Antrieb der Gnade spürte, für etwas zu beten, weil sie dann durch die göttliche Eingebung dieselbe Sicherheit empfing wie früher durch eine göttliche Antwort. Wenn nun in ähnlicher Weise jemand ihren Rat oder Trost suchte, so fühlte sie sofort mit Sicherheit, daß ihr die Gnade zu antworten eingegossen wurde; und sie hätte es gewiß gewagt, für die Wahrheit dieser Worte den Tod auf sich zu nehmen, auch wenn sie darüber vorher nichts gelesen oder gehört oder sich Gedanken gemacht hätte. Wenn sie aber in einer Sache betete, über die ihr der Herr nichts offenbarte, dann freute sie sich sehr darüber, daß die göttliche Weisheit so unerforschlich und untrennbar mit der göttlichen Liebe verbunden ist und es deshalb am sichersten ist, ihr alles anzuvertrauen; und das gefiel ihr dann mehr, als wenn sie alle verborgenen Geheimnisse Gottes hätte aufspüren können.

II. BUCH

Vorbemerkung

Im neunten Jahre, nachdem sie die Gnade empfangen hatte, an einem Gründonnerstag – sie stand im Chor und wartete, bis man den Leib des Herrn einer Kranken brachte – wurde sie von einem sehr heftigen Antrieb des Heiligen Geistes gedrängt. Sie ergriff die Schreibtafel an ihrer Seite und begann eigenhändig in reichem Dankgefühl zum Lob Gottes mit folgenden Worten niederzuschreiben, was sie im Herzen fühlte, wenn sie mit dem Geliebten allein sprach.

1. Kapitel

Wie der Herr, das aufstrahlende Licht aus der Höhe, sie zum ersten Mal besucht hat

Der Abgrund der unerschaffenen Weisheit rufe den Abgrund[1] der bewunderungswürdigen Allmacht zum Lobpreis der so staunenswerten Güte, die aus dem Überfluß deiner Barmherzigkeit tief in das Tal meines Elends geflossen ist. Es war im 26. Jahre meines Lebens, an jenem mir so heilbringenden Montag vor dem Fest der Reinigung Mariens, seiner reinsten Mutter, am 27. Januar, in der erwünschten Stunde nach der Komplet, etwa zu Beginn der Dämmerung: da hattest du, die Wahrheit, Gott, der du heller als jedes Licht und verborgener als jedes Geheimnis[2] bist, beschlossen, meine dichte Finsternis aufzuhellen. Denn du begannst, sanft und zart[3] den Sturm zu beschwichtigen, den du im Monat davor in meinem Herzen erregt hattest. Mit diesem großen Sturm bemühtest du dich, wie ich glaube, den Turm[4] meiner Eitelkeit und Oberflächlichkeit zum Einsturz zu bringen, zu dem mein Hochmut ausgewachsen war; trug ich doch nutzlos Name und Kleid meines Ordens. Du aber fandest so den Weg, um mir dein Heil zu zeigen.[5] Zur genannten Stunde also stand ich inmitten des Schlafsaals, wo mir eine ältere Schwester begegnete, die ich nach dem Brauch unseres Ordens achtungsvoll grüßte. Als ich den Kopf wieder hob, sah ich einen jungen Mann bei mir stehen, liebenswert und schön. Er sah so aus, wie ich in meiner da-

maligen Jugend mir gewünscht hätte, daß er meinen
leiblichen Augen gefiele. Mit zärtlichem Blick und
sanften Worten sprach er zu mir: »Schnell wird kom-
men dein Heil. Warum verzehrst du dich in Trauer?
Hat der Schmerz dich erneut befallen, und du bist
ohne Ratgeber?«[6] Obwohl ich wußte, daß ich im
Schlafsaal stand, schien mir bei seinen Worten, als ob
ich mich im Chor in der Ecke befände, wo ich mein
laues Gebet zu verrichten pflegte. Dort hörte ich ihn
weiter sagen: »Ich werde dich retten und befreien.
Fürchte dich nicht.«[7] Danach sah ich, wie eine zarte,
sanfte rechte Hand meine Rechte hielt, als wollte sie
dieses Versprechen bekräftigen; und er fügte hinzu:
»Mit meinen Feinden hast du Staub geleckt[8] und Ho-
nig unter Dornen gekostet. Kehre endlich zurück zu
mir, und ich will dich mit dem Strom meiner Won-
nen tränken.«[9] Als ich mich bei diesen Worten um-
blickte, sah ich zwischen mir und ihm, und zwar an
seiner rechten und meiner linken Seite, einen unend-
lich langen Zaun. Oben war er mit so dichtem Dor-
nengestrüpp überzogen, daß mir kein Durchgang
mehr blieb, um zu dem jungen Mann zurückzukeh-
ren. Während ich so auf der anderen Seite bleiben
mußte und dabei vor Sehnsucht brannte und fast die
Besinnung verlor, ergriff er mich plötzlich ohne jede
Schwierigkeit, hob mich hoch und stellte mich neben
sich. In seiner Rechten, die mir das Versprechen ge-
geben hatte, bemerkte ich die hell leuchtenden
Wundmale, durch die die Schuldscheine aller durch-
gestrichen werden.[10] Ich lobe, bete an, preise und
danke, soweit ich das vermag, deiner weisen Barm
herzigkeit und deiner barmherzigen Weisheit, weil
du, mein Schöpfer und Erlöser, auf diese Weise ver-
sucht hast, meinen ungezähmten Nacken deinem

sanften Joch zu unterwerfen, und für meine Krankheit den geeignetsten und passenden Trank bereitet hast. Denn von da an erfüllte mich eine neue geistliche Heiterkeit und Fröhlichkeit, und ich begann, im Duft deiner Salben[11]) einherzuschreiten, so daß auch ich dein Joch nicht drückend und deine Last leicht fand[12]), die mir noch kurz zuvor unerträglich erschienen waren.

2. Kapitel

Von der Erleuchtung des Herzens

Sei gegrüßt, du mein Licht und mein Heil.[13]) Danken soll dir alles, was wir unter dem Himmel bestaunen, was die Breite der Erde und die Tiefe des Abgrunds umschließt[14]), daß du mich mit jener ungewöhnlichen Gnade dahin geführt hast, das Innere meines Herzens zu erkennen und zu betrachten. Hatte ich mich doch vorher nicht mehr darum gekümmert als etwa um das Innere meiner Füße. Dann aber fühlte ich erschüttert vieles in meinem Herzen, was dich in deiner unsagbaren Reinheit verletzen würde, spürte ich, daß mein ganzes Inneres so ungeordnet und ungeregelt war, daß es dir keine Bleibe bieten könnte, wenn du darin wohnen wolltest. Dennoch hielt dich, mein geliebter Jesus, meine Wertlosigkeit nicht davon ab, mir an jenen Tagen häufiger in sichtbarer Gestalt zu erscheinen, an denen ich zur lebenspendenden Nahrung deines Leibes und Blutes hinzutrat, auch wenn ich dich nicht deutlicher schaute, als man Dinge in der Morgendämmerung erblickt. In deiner Güte hast du meine Seele angelockt, danach zu streben, sich inniger mit dir zu vereinigen, dich klarer zu erkennen und freier zu genießen.

Als ich nun beschloß, mich ernsthaft anzustrengen, um dies am Fest Mariä Verkündigung zu erreichen, wo du im Schoß der Jungfrau die menschliche Natur dir vermählt hattest, da kamst du schon am Tag vorher mit Segen und Glück[15] zu mir, der Unwürdigsten, du, der du sprichst: »Hier bin ich«[16], noch bevor du angerufen wirst. Es war an der Vigil des Festes, als das Kapitel wegen des Sonntags nach der Matutin stattfand. Weil ich nicht mit Worten ausdrücken kann, in welcher Weise du, das aufstrahlende Licht aus der Höhe[17], mich mit deiner so tiefen Liebe und Güte aufgesucht hast, so gib mir, du Spender aller Gaben[18], daß ich dir dafür ein Jubelopfer auf dem Altar meines Herzens darbringe. Laß mich und alle deine Auserwählten deine liebevolle Vereinigung und deine einigende Liebe häufig erfahren, die mir vor dieser Stunde völlig unbekannt war. Denn wenn ich mein vergangenes und zukünftiges Leben durchgehe, so ist es die reine Wahrheit, wenn ich bekenne, daß mir deine Gnade völlig unverdient zuteil wurde. Von da an beschenktest du mich nämlich mit einem helleren Lichte deiner Erkenntnis, so daß mich die süße Liebe im Umgang mit dir weit mehr anlockte, als mich die verdiente strenge Strafe hätte bessern können. Doch erinnere ich mich, daß ich so etwas nur an den Tagen erlebte, an denen du mich zu deinem königlichen Tische riefst. Ob das nun deine weise Vorhersehung so bestimmt oder meine große Nachlässigkeit bewirkt hat, ist mir nicht völlig klar.

3. Kapitel

Von der Freude über den Besuch des Herrn

Während du dich so mit mir befaßtest und meine Seele anlocktest, betrat ich eines Tages zwischen Ostern und Himmelfahrt vor der Prim den Hof, setzte mich am Fischteich nieder und betrachtete diesen reizvollen Ort, der mir außerordentlich gefiel. Denn hell und klar floß das Wasser dahin, ringsum standen Bäume in ihrem Grün, und Vögel, vor allem Tauben, flogen in Freiheit umher. Am meisten aber erfreute mich die stille Ruhe dieses verborgenen Sitzes. Ich begann zu überlegen, was ich mir wünschen könnte, um an diesem Ort eine vollkommene Freude zu empfinden; und ich merkte, daß der vertraute, liebende, passende und gesellige Freund fehlte, um mich in meiner Einsamkeit zu trösten. Da brachtest du, mein Gott, du Urheber unschätzbarer Freuden, der du mir, wie ich hoffe, den Anfang meiner Betrachtung eingegeben und auch das Ende auf dich bezogen hast, mich auf folgenden Gedanken: Wenn ich den Fluß deiner Gnaden in beständiger Dankbarkeit in dich zurückfließen ließe nach der Art des Wassers; wenn ich dazu im Streben nach Tugenden durch gute Werke grünend und blühend wie die Bäume wüchse; wenn ich schließlich im freien Flug gleich der Taube[19)] durch die Verachtung des Irdischen dem Himmlischen zustrebte und mit diesen Sinnen des Körpers, vom Lärm der Außenwelt zurückgezogen, mit ganzer Seele für dich frei wäre, dann würde dir mein Herz eine liebliche Wohnstätte gewähren. Als ich an jenem Tage bei diesen Gedanken verweilte und am Abend vor dem Schlafengehen im Knien gebetet hatte, da kam mir plötzlich jene Stelle des Evangeliums in den Sinn: »Wenn jemand mich liebt, wird er an meinem Wort festhalten; mein Vater wird ihn lieben, und wir werden zu ihm kommen und bei ihm wohnen.«[20] Und mein erdhaftes Herz fühlte, daß du selbst gekommen warst. Könnte ich doch, ja könnte ich tausendmal das ganze Meer, in Blut verwandelt[21], durch meinen Geist leiten, damit wenigstens so die Grube meiner abgrundtiefen Niedrigkeit ausgewaschen würde, die du, Endziel von unbegreiflicher Hoheit, zum Wohnsitz erwählt hast. Könnte doch, und wäre es nur für eine Stunde, mein Herz aus dem Körper gerissen und ganz mit glühenden Kohlen geläutert werden, damit es, von Schlacken rein[22], wenn auch keine würdige, so doch wenigstens keine allzu unwürdige Wohnung wäre. Denn von jener Stunde an hast du, mein Gott, dich mir bald milder, bald strenger gezeigt, je nachdem ich ein vollkommeneres oder nachlässigeres Leben führte. Um es aufrichtig zu gestehen: Auch wenn die gründlichste Besserung, zu der ich einmal in einem Augenblick gelangte, zeit meines Lebens angedauert hätte, so würde sie mich doch keineswegs deiner einzigartigen und wohl zu weit gehenden Zuwendung würdig gemacht haben, wie ich sie nach vielfältigen Vergehen und schweren Sünden empfangen habe. Denn deine allzu große Liebenswürdigkeit zeigt dich oft mehr betrübt als erzürnt wegen meiner Pflichtverletzungen. Dabei hast du, wie mir scheint, mehr Geduld für meine so vielen Fehler aufgebracht als zur Zeit deines Erdenlebens deinem Verräter Judas gegenüber.

Denn wie sehr ich auch abirrte und mich trügerischen Freuden hingab, so habe ich dich dennoch immer sofort gefunden, wenn ich nach Stunden, nach Tagen oder – wie groß ist mein Schmerz! – gar nach Wochen zu meinem Herzen zurückkehrte, so daß ich mich niemals beklagen konnte, du hättest mich auch nur einen Augenblick verlassen von jener Stunde an bis jetzt, da seit dem Empfang dieser Gnade schon das neunte Jahr dahinfließt. Ausgenommen waren nur einmal elf Tage vor dem Fest des heiligen Johannes des Täufers. Das geschah, wie mir scheint, wegen einer weltlichen Unterhaltung an einem Donnerstag, und es dauerte bis zum Montag, der Vigil des heiligen Johannes des Täufers, während der Messe »Fürchte nicht, Zacharias« usw. Denn damals schautest du in deiner großen Huld und wunderbaren Güte und Liebe auf mich, die ich in meiner schlimmen Torheit den Verlust eines solchen Schatzes nicht einmal bemerkt hatte. Ich erinnere mich nämlich nicht, daß ich darüber Schmerz empfunden oder ihn wenigstens mit geringem Verlangen zurückgewünscht hätte. Deshalb staune ich jetzt über die Verblendung, die mich gefangen hielt; vielleicht wolltest du, daß ich an mir selbst erfahre, was Bernhard sagt: »Wenn wir fliehen, folgst du uns nach; wenden wir den Rücken, kehrst du in unser Angesicht zurück; du flehst, aber du wirst verachtet; und dennoch kann keine Beschämung und Verachtung dich ganz und gar davon abbringen, stets unermüdet tätig zu sein, um uns zu jener Freude hinzuziehen, die kein Auge gesehen, kein Ohr gehört hat und die in keines Menschen Herz gekommen ist.« Und wie am Anfang ohne mein Verdienst, so hast du damals völlig gegen mein Verdienst – denn Zurückfallen ist schlimmer als Fallen – mir die Freude deiner Gegenwart[23] wiedergeschenkt, die bis zu dieser Stunde andauert. Dafür sei dir Lob und jener Dank, der von der unerschaffenen Liebe ausgeht und für jedes Geschöpf unfaßbar in dich selbst zurückfließt.

Damit mir dieses so große Geschenk bewahrt bleibt, opfere ich dir jenes erhabene, innige, andächtige und wirksame Gebet auf, das du in deiner Todesangst, Blut schwitzend, gesprochen hast. Ich bitte dich, daß du durch die Kraft dieses vollkommensten Gebetes mich ganz in der Vereinigung mit dir vollendetest und im Innersten an dich ziehst, damit ich, wenn ich für das Heil des Nächsten mich äußeren Geschäften widmen muß, nur zum Teil von ihnen in Anspruch genommen werde und, nachdem ich sie in vollkommenster Weise zu deinem Lob verrichtet habe, sogleich ganz zu dir in meinem Innersten zurückkehre, so wie der ungestüme Strom nach Entfernung des Hindernisses in die Tiefe stürzt. Laß mich auch in Zukunft in meinem Eifer für dich nicht nachlassen, und führe mich zu einer solchen Vollkommenheit, wie es dein Erbarmen gegenüber einer Seele zuläßt, die mit der Last des Fleisches beladen ist und sich dir zudem noch widersetzt, damit du meinen letzten Atemzug in deiner so festen Umarmung mit einem so wirksamen Kusse empfängst und sich meine Seele ohne Verzug dort findet, wo du raumlos, ungeteilt und in Herrlichkeit mit dem Vater und dem Heiligen Geist lebst und regierst, wahrer Gott in alle Ewigkeit.

4. Kapitel

Vom Einprägen der Wundmale des Herrn

Zu Beginn dieser Gnaden – es war, wie ich glaube, im ersten oder zweiten Jahr – stieß ich in der Winterzeit in einem Buch auf dieses Gebet: »Herr Jesus Christus, Sohn des lebendigen Gottes, gib mir, daß ich mit ganzem Herzen, voll Sehnsucht und mit dürstender Seele nach dir verlange, in dir, dem Schönsten und Liebsten, aufatme und mit meinem ganzen inneren Wesen nach dir strebe. Denn du bist das wahre Glück. Schreibe, barmherzigster Herr, mit deinem kostbaren Blut deine Wunden in mein Herz, damit ich in ihnen deinen Schmerz und deine Liebe lese, das Andenken daran im Innersten meines Herzens ständig bewahre, der Schmerz über dein Leiden in mir geweckt und die Liebesglut in mir entfacht wird. Gib auch, daß ich alles Geschaffene als gering ansehe und du allein die Freude meines Herzens wirst.«

Dieses Gebet nahm ich dankend auf und wiederholte es eifrig; und du, der du niemals die Wünsche der Schwachen zurückweist, hörtest dieses Gebet und wolltest es wirksam machen. Denn kurze Zeit später saß ich nach der Vesper im Speisesaal an der Seite einer Person, der ich mein Geheimnis in diesen Dingen in etwa enthüllt hatte. Dies füge ich hier zum Heil des Lesers ein, weil ich nämlich oft bei einer solchen Mitteilung spürte, daß sich meine Andachtsglut vermehrte. Doch bin ich mir nicht sicher, ob dies dein Geist, mein Herr und Gott, oder ein menschlicher Geist bewirkt hat, obwohl ich von einem, der in diesen Dingen erfahren war, gehört habe, es sei nützlicher, ein solches Geheimnis jemandem anzuvertrauen, der uns nicht nur durch Liebe und Treue nahe, sondern auch im Rang über uns steht. Da ich dies aber, wie ich sagte, nicht weiß, vertraue ich dir, meinem treuesten Wohltäter, durch dessen Geist, der süßer als Honig[24] ist, die Himmel geschaffen wurden[25]. Sollte aber mein Eifer auf ein menschliches Gefühl zurückzuführen sein, so ziemt es sich, daß ich dir, mein Gott, um so dankbarer bin, je mehr du dich mit mir in meiner Niedrigkeit vereinigt hast.

In der genannten Stunde nämlich fühlte ich, daß das, worum ich Unwürdigste im Gebet gefleht hatte, mir von Gott gewährt wurde. Denn ich erkannte durch den Geist, daß innerlich in meinem Herzen wie an körperlichen Stellen jene anbetungswürdigen Male deiner allerheiligsten Wunden eingedrückt waren. Durch diese Wunden hast du mich geheilt und mir den süßen Trank deiner Liebe gereicht. Doch fand ich in meiner Unwürdigkeit den Abgrund deiner Liebe noch nicht erschöpft, sondern ich empfing von ihr noch ein anderes Geschenk: Sooft ich nämlich an den einzelnen Tagen mir vornahm, mit den fünf Versen des Psalms »Lobe den Herrn, meine Seele«[26] die fünf eingedrückten Liebeszeichen zu begrüßen, blieb ich niemals ohne eine besondere Wohltat.

So konnte ich nämlich beim ersten Vers »Lobe den Herrn, meine Seele« meine Sünden und jedes weltliche Vergnügen zu den Wunden deiner heiligen Füße niederlegen; beim zweiten Vers »Lobe und vergiß nicht« in dem Liebesbade, aus dem mir Blut und Wasser hervorströmte, jeden Schandfleck vergänglicher körperlicher Lust abwaschen; beim dritten Vers »der dir all deine Schuld vergibt« geistige Ruhe bei deiner linken Wunde finden wie die Taube im Felsennest[27]; beim vierten Vers »der dein Leben vor dem Untergang rettet«, zur Rechten hintretend, alles, was mir zu einem vollkommenen Leben fehlt, für mich zurückgelegt finden und vertrauensvoll mir aneignen. Damit würdig geschmückt, möchte ich den fünften Vers »der dich dein Leben lang mit seinen Gaben sättigt« sprechen und mich über deine so ersehnte, angenehme Gegenwart freuen, auch wenn ich das nur dir, nicht etwa mir verdanke.

So bekenne ich, daß mir zuteil wurde, was in jenem Gebet erfleht wird, in deinen Wunden nämlich deinen Schmerz und deine Liebe zu lesen. Aber ach! Dies währte nur kurze Zeit. Doch nicht du hast mir das entzogen, sondern durch eigenen Undank und eigene Nachlässigkeit habe ich das zu meinem Bedauern verloren. Dennoch hast du in deiner Barmherzigkeit und reichen Liebe mir dieses erste und größere Geschenk, das Einprägen deiner Wundmale, ohne jedes Verdienst bis in die Gegenwart erhalten. Dafür sei dir Ruhm und Macht, Lob und Preis in Ewigkeit.

5. Kapitel

Von der Liebeswunde

Sieben Jahre später, vor dem Advent, hatte ich durch deinen Antrieb, du Urheber alles Guten, jemanden verpflichtet, täglich vor dem Bild des Gekreuzigten für mich im Gebet diese Worte einzufügen: Liebster Herr, durchbohre um deines verwundeten Herzens willen ihr Herz mit den Geschossen deiner Liebe so sehr, daß es nichts Irdisches umfassen kann, sondern allein von der Kraft deiner Gottheit beherrscht wird. Wegen dieser Bitten hast du, wie ich glaube, bewirkt, daß an dem Sonntag[28], an dem während der Messe »Freut euch im Herrn«[29] gesungen wird, beim Gang zum Empfang deines heiligsten Leibes und Blutes diese Worte aus mir hervorbrachen: »Herr, ich bekenne, daß ich auf Grund meiner Verdienste es nicht wert bin[30], auch nur die kleinste deiner Gaben zu empfangen. Dennoch flehe ich dich durch die Verdienste und das Verlangen aller Anwesenden bei deiner Güte an, mein Herz mit dem Pfeil deiner Liebe zu durchbohren.« Sogleich spürte ich, daß die Kraft dieses Wortes deinem göttlichen Herzen nahe ging, obwohl durch das Eingießen der inneren Gnade als auch durch das Zeigen eines sichtbaren Zeichens am Bilde deiner Kreuzigung.

Als ich nämlich nach dem Empfange des lebenspendenden Sakramentes an den Ort meines Gebetes zurückgekehrt war, schien es mir, als ob aus der rechten Seitenwunde des gemalten Kreuzes gleichsam ein Sonnenstrahl hervorbrach, scharf wie ein Pfeil, der sich, dem Schein nach ausgedehnt, zusammenzog, dann wieder ausdehnte und mich so eine Weile zärtlich anlockte. Doch auch so war meine Seele noch nicht befriedigt bis zu dem Mittwoch, wo von den Gläubigen nach der Messe deine anbetungswürdige Menschwerdung und Verkündigung gewürdigt wird. Darauf richtete auch ich meine Aufmerksamkeit; und siehe, plötzlich warst du da und drücktest meinem Herzen eine Wunde mit folgenden Worten ein: »Hier sollen all deine Gefühle zusammenfließen: all deine Vergnügungen, Hoffnungen, Freuden, Schmerzen, Ängste und anderen Stimmungen werden in meiner Liebe gefestigt.« Und sofort fiel mir ein, was man, wie ich gehört habe, bei Wunden anwenden muß, nämlich Bad, Salbe und Binde. Doch hast du mich damals nicht vollständig darüber belehrt, wie ich das ausführen könnte, sondern hast es mich später durch eine andere Person genauer wissen lassen, die – so hoffe ich – zu deinem Lob ihre geistigen Ohren viel beständiger und zarter an die flüsternden Worte deiner Liebe gewöhnt hatte als leider ich. Diese nämlich riet mir, ich solle in ständiger Andacht die Liebe deines am Kreuz hängenden Herzens verehren. Dann würde ich aus der Flut deiner glühenden, unaussprechlichen Liebe das Wasser der Andacht zur Abwaschung jeder Beleidigung schöpfen und aus der Flut deiner süßen, unschätzbaren Liebe die Salbe der Dankbarkeit gegen jede Widerwärtigkeit gewinnen; die Kraft deiner unbegreiflichen Liebe schließlich würde mir zur Binde der Gerechtigkeit, um all meine Gedanken, Worte und Werke aus der Kraft der Liebe auf dich hinzulenken und mit dir unzertrennlich verbunden zu sein.

Was ich dabei aus Schlechtigkeit und Bosheit falsch gemacht habe, das soll die Kraft der Liebe ausgleichen, deren Fülle in dem wohnt[31], der zu deiner Rechten sitzt[32] und Bein von meinem Bein und Fleisch von meinem Fleisch[33] geworden ist. Denn durch ihn können wir in der Kraft des Heiligen Geistes mit ihm in seiner Niedrigkeit mitleiden und ihm Ehrfurcht erweisen. Durch ihn opfere ich dir die Klage über meine allzu zahlreichen Verfehlungen gegenüber deiner göttlich-edlen Güte auf, weil ich gegen sie so vielfältig durch mein Denken, in Worten und Taten angekämpft und vor allem ihre Gaben so untreu, nachlässig und achtungslos benutzt habe. Wenn du mir Unwürdigen einen Wergfaden zum Andenken an dich gegeben hättest, so hätte ich ihn sicher mit größerer Aufmerksamkeit und Achtung behandelt. Mein Gott, dem mein Verborgenes bekannt ist[34], du weißt, daß das der Grund ist, der mich gegen meinen Willen zwingt, dies niederzuschreiben, weil die Gewißheit, darin keinen Fortschritt gemacht zu haben, mich nicht glauben läßt, daß diese Gaben nur mir geschenkt wurden; denn niemand hat allein Anspruch auf deine ewige Weisheit. Gib deshalb, du Spender aller Gaben[35], der du mich so unverdient beschenkt hast, dem Leser dieser Zeilen, daß wenigstens das Herz deines Freundes mit dir Mitleid empfindet, weil dein Eifer für die Seelen einen so königlichen Edelstein viele Stunden in der schlammigen Grube meines Herzens gehalten hat. Er soll deine Barmherzigkeit loben und anbeten und mit Herz und Mund sprechen: »Dich, Gott Vater, von dem alles stammt, lobt man mit Recht. Dir gebührt Ehre, Preis und Herrlichkeit.« Dies soll in etwa ein Ausgleich für meine Fehler sein.

Hier unterbrach sie das Schreiben bis zum Oktober.

6. Kapitel

Von einem würdigeren Besuch des Herrn am Feste seiner Geburt

O unerreichbare Höhe[36] der bewunderungswürdigen Allmacht! O Tiefe des Abgrunds der unerforschbaren Weisheit! O unermeßliche Weite der begehrenswerten Liebe! Wie stark schwollen die Nektarströme deiner honigsüßen Gottheit an, die sich über mich, ein Würmchen von äußerster Niedrigkeit, das im Sande der Nachlässigkeiten und Unzulänglichkeiten dahinkriecht, so reich ergossen haben, daß ich sogar in der Fremde meiner Pilgerschaft mit meiner geringen Fassungskraft das Vorspiel jener so angenehmen Freuden und herrlichen Wonnen wiederzugeben vermag, durch die jeder, der Gott anhängt, mit ihm ein Geist[37] wird. Denn in meinem Eigennutz habe auch ich, ein Staubkörnchen, es gewagt, ein paar Tröpfchen von diesem Glück zu lecken.

In jener heiligsten Nacht, als vom süßen Tau der Gottheit die Himmel der ganzen Welt Honig spendeten[38], hat es meine Seele, die wie das Fell auf der Tenne[39] (Gideons) durch die Gemeinschaft mit dir von jenem himmlischen Tau benetzt worden war, durch Betrachtung und Andachtsübungen gewagt, hinzutreten und bei jener himmlisch-erhabenen Geburt Dienst zu tun, bei der die Jungfrau gleich einem Strahl als Sohn den wahren Gott und Menschen gebar. Und sie erkannte, daß gleichsam in einem Augenblick ihr ein zarter, eben erst geborener kleiner Junge gezeigt und in einem Teil des Herzens aufgenommen wurde, in dem sich mit Sicherheit jede gute Gabe und jedes vollkommene Geschenk[40] verbarg. Als meine Seele ihn in sich trug, da schien sie plötzlich in dieselbe Farbe mit ihm verwandelt zu sein, wenn man Farbe nennen kann, was mit keinem sichtbaren Bild vergleichbar ist. Dadurch empfing meine Seele das unaussprechbare Verständnis für jene süß strömenden Worte: Gott wird alles in allem sein.[41] Denn sie spürte, daß sie den Geliebten in ihrem Herzen umschloß, und freute sich über die willkommene Gegenwart des lieben, zärtlichen Bräutigams. Daher trank sie mit unstillbarem Verlangen aus dem ihr von Gott gereichten Honigbecher folgende Worte: »So wie ich das Abbild des Wesens Gottes des Vaters[42] in der Gottheit bin, so wirst du das Abbild meines Wesens in der Menschheit sein und in deine vergöttlichte Seele die Ausstrahlungen meiner Gottheit aufnehmen, so wie die Luft die Sonnenstrahlen empfängt. Von diesem einigenden Strahle innerlich durchdrungen, wirst du zur vertrauteren Vereinigung mit mir befähigt.« Vorzüglicher Balsam der Gottheit! Überallhin breitest du Bäche der Liebe aus und grünst und blühst in Ewigkeit; am Ende der Zeiten aber bist du nach allen Seiten hin ausgegossen. Du wahrhaft unüberwindliche Kraft der Rechten des Höchsten[43] hast ein so irdenes und durch eigene Schuld zur Unehre weggeworfenes Gefäß dazu benutzt, eine so kostbare Flüssigkeit aufzubewahren. Du deutlichstes Zeugnis für die reich ausströmende göttliche Liebe hast dich nicht von mir entfernt, als ich mich auf den Abwegen der Sünde weit verirrte, sondern hast mich mit Freude über jene so beglükkende Vereinigung erfüllt.

7. Kapitel

Von einer erhabeneren Vereinigung ihrer Seele mit Gott

Am Fest der hochheiligen Reinigung lag ich nach einer schweren Erkrankung noch im Bett und beklagte mich früh bei Tagesanbruch traurig im stillen darüber, daß ich deshalb den göttlichen Besuch, durch den ich öfter an einem solchen Tage getröstet worden war, entbehren müsse, als die Vermittlerin des Mittlers zwischen Gott und den Menschen[44)] mir auf diese Weise Trost spendete: »Wie du weißt, hast du noch nie einen heftigeren Schmerz bei einer körperlichen Krankheit erfahren als jetzt. Doch ebenso sollst du wissen, daß du niemals ein vortrefflicheres Geschenk von meinem Sohn empfangen hast, als du jetzt erhalten wirst. Zu seinem würdigen Empfang hat die vorausgehende Krankheit des Körpers deinen Geist gestärkt.« Als ich dadurch erleichtert zur Stunde der Prozession nach dem Genuß der lebenspendenden Speise mich mit Gott und mir befaßte, erkannte ich, daß meine Seele der Brust des Herrn nahe war, so wie das vom Feuer weich gemachte Wachs[45)] dem Siegel zum Eindrücken nahe gebracht wird. Und plötzlich schien es, als würde sie um ihn gelegt und zum Teil von jenem Schatzmeister hereingezogen, in dem wirklich die ganze Fülle Gottes[46)] wohnt, geprägt durch das Zeichen der strahlenden und immer ruhenden Dreifaltigkeit.

Mein Gott, du sengende Kohle![47)] Du erhältst und entfachst lebendige Glut und drückst sie ein. Während du unauslöschlich auf dem feuchten und schlüpfrigen Grund meiner Seele bliebst, trocknetest du zuerst in ihr den Strom der weltlichen Vergnügungen; danach erweichtest du die Starrheit ihres Eigensinns, in dem sie eine Zeitlang so sehr verhärtet gewesen war. Wahrhaft verzehrendes Feuer![48] Du übst deine Kraft an den Fehlern so aus, daß du an ihrer Stelle der Seele eine ganz milde Salbung gewährst. In dir und in keinem anderen sonst empfangen wir die Kraft[49], nach dem Bild und Abbild[50] unseres Ursprungs erneuert zu werden. Glühender Feuerofen![51] In der angenehmen Schau des wahren Friedens wandelst du das Erz in geläutertes, auserwähltes Gold[52] um, wenn die durch Irrtümer ermüdete Seele mit all ihrem Sehnen nur nach dir, der reinen Wahrheit, strebt.

8. Kapitel

Wie ihre Seele noch vertrauter in Gott hineingezogen wurde

Danach hast du mich am Sonntag Quinquagesima während der Messe angeregt und meine Sehnsucht auf jene edleren Gaben, die du mir gewähren wolltest, besonders durch zwei Worte gelenkt, deren große Wirksamkeit ich in der Seele vorausahnte, nämlich beim Vers des ersten Wechselgesangs »Leben und preisen will ich dich ...« und beim Vers des neunten Wechselgesangs »Dir und deinen Nachkommen gebe ich alle diese Länder ...«[53] Dabei hast du mit deiner ehrwürdigen Hand deine glücklich machende Brust berührt und mir gezeigt, welche Länder deine grenzenlose Freigebigkeit versprach.

Du glückliches und glücklich machendes Land, reich an Glück, Garten der Seligkeiten, dessen kleinstes Korn dem Verlangen aller Auserwählten genügen könnte bei dem, was das menschliche Herz an Erstrebens- und Liebenswertem, Erfreulichem, Angenehmem und Schönem erdenken kann! Während ich mich damit befaßte – zwar nicht, wie es nötig gewesen wäre, aber doch so, wie ich es vermochte –, siehe, da erschien die Güte und Menschenliebe Gottes, unseres Retters, nicht wegen der Werke der Gerechtigkeit, durch die ich Unwürdige das hätte verdienen können, sondern auf Grund seines unaussprechlichen Erbarmens[54], indem sie mich Unwürdigste durch Wiedergeburt und Annahme als Kind zu jener verehrungs- und anbetungswürdigen, himmlisch-erhabenen und unschätzbaren lieben Vereinigung mit dir gelangen ließ.

Aber durch welche Verdienste meinerseits oder durch welche Entscheidung deinerseits hat die Liebe, die an Würde nicht denkt, aber reich an Erbarmen ist, die weder auf ein Urteil wartet noch vom Verstande gelenkt wird, dich, mein liebster Gott – gleichsam berauscht, wie ich zu sagen wage – dazu gebracht, daß du so Ungleiches vereinigtest? Oder war es, was wohl zutreffender ist, die zu deinem Wesen gehörende Güte, die innerlich von deiner schönen Liebe durchdrungen ist, durch die du nicht nur liebst, sondern ganz Liebe bist[55] und deren naturgemäße Wirkung auf das Heil des Menschengeschlechtes gerichtet hast? Hat sie dich überredet, ein so fernstehendes, bedürftiges, verachtenswertes Menschenkind zur Gemeinschaft mit der königlichen, ja göttlichen Hoheit zu berufen, damit dadurch jeder Gläubige um so größeres Vertrauen gewinnt? Um der Ehrfurcht willen, auf die mein Herr Anspruch hat, hoffe und wünsche ich, daß es keinen Christen gibt, der die Geschenke Gottes schlechter verwendet und dem Nächsten mehr Ärgernis gegeben hat als ich.

Weil aber die unsichtbare Wirklichkeit Gottes durch die Werke der Schöpfung[56] für das Verständnis nach außen ausgedrückt werden kann, wie ich oben bemerkt habe, erschien der Herr in jenem Teil seiner gesegneten Brust, in dem er am Feste Mariä Reinigung meine Seele wie am Feuer weich gemachtes Wachs aufgenommen hatte, gleichsam perlend von stark hervorbrechenden Schweißtropfen, als ob das Wachs auf Grund der übermäßigen inneren Wärme flüssig geworden wäre. Diese Tropfen jedoch nahm jene göttliche Schatzkammer mit wunderbarer, unaussprechlicher Kraft in sich auf, so daß offenkundig war, was für eine gewaltige, unfaßbare Liebe sich hier geoffenbart hatte. Ewiger Sonnenstillstand, sichere Wohnung, Ort, der alles Schöne enthält, Paradies ewiger Freuden[57], wo Bäche unschätzbarer Genüsse dahinströmen, der Frühling in seiner Blütenpracht durch Lieblichkeiten jeder Art anlockt, eine süß klingende geistliche Musik mit sanftem Klang ertönt, die Luft mit ihren lebenspendenden Wohlgerüchen erfrischt und man sich an herrlichen unbekannten Speisen laben kann! Dreimal selig, viermal selig und – wenn man das sagen kann – hundertmal heilig ist, wer durch die Führung der Gnade mit unschuldigen Händen, einem lauteren Herzen[58] und reinen Lippen dort nahen darf! Was sieht, hört, riecht, kostet, empfindet er! Doch was versucht meine gehemmte Zunge zu stammeln? Denn wenn ich auch durch die Gunst der göttlichen Güte zugelassen wurde, so konnte ich dennoch nichts annähernd Wahres erfassen. Denn durch meine eigenen Fehler und Nachlässigkeiten war ich von allen Seiten wie von einem dichten Fell umgeben. Auch wenn alle Kraft der Engel und der Menschen[59] zu einer gewaltigen Wissenschaft vereinigt würde, könnte auch sie nicht ein einziges Wort bilden, das an diese alles überragende Größe heranreicht.

9. Kapitel

Von der unauflösbaren Vereinigung ihrer Seele mit Gott

Nicht lange danach, in der Mitte der Fastenzeit, war ich wieder schwer krank und lag eines Tages früh allein im Bett, weil die Mitschwestern mit anderen Dingen beschäftigt waren. Da nahte sich mir der Herr, der die von menschlichem Trost Verlassenen nicht im Stich lassen kann, und erfüllte so das prophetische Wort: Ich bin bei ihm in der Not.[60] Er ließ nämlich auf der linken Seite wie aus dem Innersten seines gesegneten Herzens einen Strom hervorfließen, der kräftig und klar wie Kristall[61] war, jene verehrungswürdige Brust wie mit einem Halsband bedeckte und durchsichtig in goldener und roter Farbe schien, die abwechselnd unter sich gemischt waren.

Dabei sprach der Herr: »Die Krankheit, an der du jetzt leidest, hat dich so geheiligt, daß du dich niemals weiter von mir entfernst, als dir in jenem Strom gezeigt wurde, wenn du dich um meinetwillen in Gedanken, Worten und Werken den anderen zuwendest. Und so, wie diese goldene und rote Farbe kristallklar erscheint, wird das Wirken meiner goldenen Gottheit und die vollkommene Geduld meiner rosenfarbenen Menschheit aus jeder deiner Absichten deutlich erkennbar sein.«

Wie groß ist der Wert jenes kleinsten Stäubchens, wenn es der vorzüglichste himmlische Edelstein aus dem Straßenschmutz aufliest, um es sich aufzusetzen! Wie bedeutend ist jenes winzige Blümchen, wenn es sogar der Sonnenstrahl von sumpfigen Stellen an sich zieht, um gleichsam mitzuleuchten! Wie glücklich ist jene gesegnete Seele, die der Herr der Herrlichkeit so sehr schätzt, daß er sie als Seele schuf, obwohl er allmächtig im Schaffen ist, als Seele, sage ich, die zwar mit seinem Bild und seiner Ähnlichkeit geschmückt ist, aber dennoch so weit von ihm entfernt ist wie der Schöpfer von seinem Geschöpf. Und darum ist die Seele tausendmal glücklich, die in einem solchen Zustand verharren darf, in den ich leider, wie ich fürchte, nicht einmal für einen einzigen Augenblick gelangt bin. Doch wünsche ich sehr, daß mir Gott in seiner Güte wenigstens irgendein Gnadengeschenk durch die Verdienste jener gewährt, die er so lange Zeit, wie ich hoffe, in einem solchen Zustand erhalten hat.

Es ist die größte aller Gaben, aus diesen Vorräten mit den Gewürzen der Gottheit so reich gesättigt und mit dem Wein der Liebe getränkt, ja berauscht zu werden. Daß du, Herr und Gott, dieses Geschenk den Auserwählten in deiner Allmacht geben kannst, darauf vertraue ich fest; und ich bin sicher, daß du es auch mir in deiner liebevollen Güte zukommen lassen willst. Wie du es mir aber bei meiner Unwürdigkeit zu geben weißt, darin kann ich deine unerforschliche Weisheit nicht ergründen. Jetzt aber lobe und preise ich deine weise und gütige Allmacht. Ich lobe deine allmächtige und weise Güte, mein Gott, und danke ihr. Denn alles, was mir deine Freigebigkeit schenken konnte, habe ich stets unsagbar weit über mein Verdienst empfangen.

10. Kapitel

Von dem göttlichen Einströmen

Weil ich aus Scheu das Abfassen dieser Schrift schon bis zum Fest Kreuzerhöhung aufgeschoben und während der Messe beschlossen hatte, mich anderen Dingen zuzuwenden, wandelte der Herr meinen Sinn mit den Worten: »Mit Sicherheit wirst du nicht aus dem Kerker des Fleisches herauskommen, bis du den letzten Pfennig bezahlt hast.«[62] Als ich nun bei mir dachte, ich hätte die genannten Geschenke Gottes zwar nicht schriftlich, dennoch aber durch Worte zum Heile meiner Nächsten aufbewahrt, hielt mir der Herr jenes Wort entgegen, das in derselben Nacht während der Metten vorgelesen und von mir vernommen worden war: »Wenn der Herr seine Lehre nur für die Anwesenden vorgetragen hätte, gäbe es nur die Predigt. Jetzt aber gibt es zum Heil sehr vieler auch die Schrift.« Und der Herr fügte hinzu: »Ich will ohne Widerspruch ein sicheres Zeugnis meiner göttlichen Liebe in deinen Schriften für diese letzten Zeiten haben, in denen ich viel Gutes tun möchte.«

So belastet fing ich an, mir vorzustellen, wie schwierig, ja sogar unmöglich es für mich wäre, Sinn und Worte zu finden, durch die ich das oft Gesagte, ohne Anstoß zu erregen, den Menschen nahebringen könnte. Der Herr aber wußte für solche Schüchternheit guten Rat. Er schien einen starken Regenguß über mich auszuschütten, von dessen Ergiebigkeit ich kleines schwaches Menschlein, am Boden liegend und niedergedrückt wie eine junge, zarte Pflanze, nichts zu meinem Nutzen in mich hineintrinken konnte mit Ausnahme einiger sehr bedeutender Worte, deren Sinn ich aber mit meinem geringen Verstand nicht erfaßte. Dadurch fühlte ich mich noch mehr belastet. Doch da hast du, mein Gott, in deiner gütigen Liebe meiner Seele Erleichterung gebracht und sie mit folgenden Worten belehrt: »Weil du keinen Nutzen in jenem reichen Einströmen erblickst, will ich dich an mein göttliches Herz nehmen und dir die Worte sanft und mild nach und nach entsprechend deinem Fassungsvermögen eingeben.«

An dieses Versprechen hast du, mein Gott, dich strikt gehalten. Denn einmal hast du mir vier Tage lang früh in der geeignetsten Stunde einen Teil der genannten Rede so schön und so angenehm mitgeteilt, daß ich ihn ohne jede Mühe wie aus dem Gedächtnis niederschreiben konnte. Wenn ich jedoch den entsprechenden Teil aufgeschrieben hatte, konnte ich trotz der Anspannung all meiner Sinne kein einziges Wort von dem aufspüren, was mir am folgenden Tag so reichlich und ohne Schwierigkeit zur Verfügung stand. Dadurch hast du meine Ungeduld gezügelt und mich im Sinne der Schrift belehrt, daß niemand sich so sehr mit einer Tätigkeit befassen darf, daß ihm nicht noch Zeit für die Betrachtung bleibt. So will ich überall für mein Heil sorgen. Während ich mit Geduld auf die angenehmen Umarmungen Rachels warten kann, will ich dennoch nicht auf die gerühmte Fruchtbarkeit Leas verzichten. Deine weise Liebe gebe, daß ich beides dir angenehm vollbringe.

11. Kapitel

Von einer Versuchung

Wie oft und wie vielfältig du mich durch deine heilbringende Gegenwart erfreut hast und mir mit Segen und Glück entgegenkamst[63)], vor allem in den letzten drei Jahren, besonders aber, wenn ich deinen heiligen Leib und dein heiliges Blut empfangen durfte, darauf kann ich nicht auf eines von tausend antworten.[64)] Daher überlasse ich es jener ewigen, unermeßlichen, unveränderlichen Danksagung, durch die dir, du strahlende und immer ruhende Dreifaltigkeit, aus dir, durch dich und in dir selbst jede Schuld völlig ersetzt wird, und schließe mich ihr wie ein winziges Staubkorn durch ihn an, der in meiner Natur vor dir steht. Ich stelle dir alle Danksagungen vor Augen, die du durch ihn im Heiligen Geist für all deine Wohltaten ermöglicht hast, besonders aber dafür, daß du mich in meiner Unvernunft darüber belehrt hast, wie die Reinheit deiner Geschenke durch mich entstellt werden könnte.

Eines Tages, als ich während der Messe kommunizieren wollte und deine wunderbare Gegenwart spürte, bedientest du dich zu meiner Unterweisung eines Gleichnisses und batest mich wie ein Dürstender um einen erfrischenden Trank.[65] Doch ich hatte nichts, um es dir anzubieten, und beklagte mich darüber. Nicht einmal meinen Augen konnte ich ein Tröpfchen entlocken. Da schien es mir, als ob mir von deinen Händen ein goldener Kelch gereicht würde. Als ich ihn erhalten hatte, brach plötzlich aus meinem in süßer Flut flüssig gewordenen Herzen ein Strom glühender Tränen hervor. Währenddessen stand an meiner linken Seite ein verächtliches Wesen, das in meine Hand unbemerkt etwas Vergiftetes und Bitteres legte und mich heimlich, aber heftig anstachelte, es in den reinen Kelch zu werfen. Und bald packte mich heftiges Verlangen nach eitlem Ruhm, so daß man leicht einsehen konnte, wie listig uns der alte Feind aus Neid auf deine Geschenke nachstellt.

Doch ich danke deiner Treue, mein Gott, und deinem Schutz, du wahre, eine Gottheit, du eine und dreifaltige Wahrheit, du dreifaltige und eine Gottheit, die nicht zuläßt, daß eine Versuchung über uns kommt, die unsere Kräfte überfordert[66], auch wenn du manchmal dem Feind die Macht gibst, uns zu versuchen, damit wir vollkommener werden. Wenn du den Eindruck gewinnst, daß wir uns auf deinen Schutz vertrauensvoll stützen, dann machst du den gegen uns entbrannten Streit zu dem deinen, und das so sehr, daß du in deiner großen Freigebigkeit den Kampf übernimmst, uns aber den Sieg verleihst, wenn wir mit ganzem Willen zu dir stehen. Und das ist eines deiner besonderen Geschenke, das uns deine Gnade zur Vergrößerung des Verdienstes bewahrt, daß du uns den freien Willen, den du dem Feind keineswegs läßt, nicht entziehen willst.

Ein andermal hast du mich durch ein anderes Gleichnis belehrt, daß man es dann dem Widersacher leichter macht, wenn man sich mit ihm einläßt. Auch verlangt es deine Gerechtigkeit, daß sich deine Barmherzigkeit manchmal weniger zeigt, wenn wir durch eigene Nachlässigkeit in die Nähe des Feindes geraten sind. Deshalb widersetzt man sich dem Bösen um so erfolgreicher, je zeitiger man das tut.

12. Kapitel

Vom Ertragen der menschlichen Schwäche

Ebenso danke ich dir für ein anderes nicht weniger nützliches Gleichnis, durch das du mir verdeutlicht hast, mit welcher Güte und Geduld du unsere Fehler erträgst, um uns so zu bessern und selig zu machen. Als mich nämlich eines Abends Zorn gepackt hatte und am folgenden Tage früh die Gebetszeit gekommen war, hast du dich mir in so fremder Gestalt gezeigt, daß ich auf Grund deines Aussehens glaubte, du wärest aller Mittel und Kräfte völlig beraubt. Da mich mein Gewissen quälte, begann ich klagend darüber nachzudenken, wie unangemessen es wäre, dich, den Urheber der größten Reinheit und Ruhe, mit den Stacheln einer sündhaften Aufregung zu beunruhigen; und ich überlegte, ob ich lieber deine Abwesenheit als deine Gegenwart wünschen sollte, wenn der Feind mich gegen dich aufstacheln würde und ich im Widerstand ihm gegenüber nachlässig wäre. Dazu lautete deine Antwort: »Ein Kranker, der nur mit fremder Hilfe zu dem ihm lieben Sonnenlicht geführt wurde, kann bei Ausbruch eines Unwetters allein durch die Hoffnung getröstet werden, daß der heitere Himmel zurückkehrt. So warte auch ich auf den heiteren Himmel deiner Besserung und den Hafen deiner Demut. Denn durch deine Liebe hast du mich bewogen, trotz deiner zahlreichen Fehler bei dir zu wohnen.« Was du mir während jener dreitägigen Gegenwart in reichem Maße geschenkt hast, kann ich nicht in Worte fassen. Deshalb bitte ich dich, laß dir das Gefühl des Herzens genügen, damit ich dir in tiefster Demut, zu der mich damals deine Liebe am meisten angelockt hat, für deine Güter dankbar bin.

13. Kapitel

Vom Bewachen der Neigungen

Ebenso bekenne ich dir, mein gütigster Gott, daß du auch in anderer Weise mich in meiner Trägheit aufgeschreckt hast. Zwar begannst du durch eine Mittelsperson, doch hast du das durch dich selbst barmherzig und verständnisvoll vollendet. Diese erläuterte mir entsprechend dem Evangelium, daß du nach deiner Geburt auf Erden zunächst von den Hirten gefunden wurdest, und fügte hinzu, dieses Wort bedeute für mich, daß ich so über meine Sinne wachen müsse wie die Hirten über die Herden[67)], wenn ich dich wahrhaft finden wolle. Ich nahm dies weniger dankbar an und hielt es für unpassend, weil ich wußte, daß du anderes von mir wolltest, als daß ich dir wie ein Lohnarbeiter seinem Herrn dienen sollte. Als ich darüber vom Morgen bis zum Abend nach der Komplet nachdachte, hast du meine Traurigkeit durch folgendes Gleichnis verringert: Wenn die Braut die Falken des Bräutigams bisweilen mit Nahrung versorgt, so bringt sie das keineswegs um seine Umarmung. Ebenso müßte auch ich auf die Süßigkeit deiner Gnade nicht verzichten, wenn ich mich um deinetwillen eifrig darum bemühen würde, meine Neigungen und Sinne zu bewachen. Dazu gabst du mir unter dem Bild einer grünen Rute den Geist der Furcht, damit ich mich auf allen unwegsamen Gebieten, zu denen die menschlichen Neigungen abzuirren pflegen, frei bewegen könnte, ohne deine innigen Umarmungen zu verlieren. Du fügtest noch hinzu: Sooft etwas versuchen würde, eine meiner

Neigungen anzuziehen – sei es zur Rechten, wie Freude und Hoffnung, oder zur Linken, wie Furcht, Schmerz oder Zorn –, sollte ich es sogleich mit der Rute deiner Furcht vertreiben.

14. Kapitel

Vom Mitleiden der Seele

Am Sonntag vor der Fastenzeit, Esto mihi[68], gabst du mir zu verstehen, daß du von verschiedenen Menschen geschmäht und verfolgt wirst und auf Grund der Eingangsworte der Messe von mir mein Herz als Wohnung begehrst, um darin auszuruhen. Uns sooft ich während jener drei Tage zu meinem Herzen zurückkehrte, schienst du mir wie ein Kranker darin zu liegen. Auch habe ich während dieser drei Tage nichts gefunden, womit ich dich hätte erfrischen können, außer durch Gebete, Schweigen und Opfer für die Bekehrung der weltlich gesinnten Menschen.

15. Kapitel

Von der Erwiderung der Gnade

Ebenso hast du mir in deiner Gnade vielfach geoffenbart, wie die im schwachen menschlichen Körper wohnende Seele verdunkelt wird gleich einem Menschen, der sich inmitten einer engen Wohnung befindet und von allen Seiten, und zwar um sich, über sich und unter sich, den Dunst in sich aufnimmt, der von ihr ausgeht, vergleichbar einem kochenden, dampfenden Kessel. Wird hingegen der Körper von einem Leiden betroffen, so empfängt die Seele von seiten ihres leidenden Gliedes gleichsam einen vom Sonnenlicht durchfluteten Hauch und wird so in wunderbarer Weise verklärt; und je größer das Leiden ist, desto mehr verklärt es die Seele. Besonderen Glanz verleihen ihr Opfer oder Übung des Herzens in Demut, Geduld und Ähnlichem. Am meisten jedoch gewinnt sie durch die Werke der Liebe.

Ich danke dir, du Liebhaber der Menschen, daß du mich in dieser Weise öfter zur Geduld angehalten hast. Doch leider habe ich dir zu wenig und nur selten, ja gar nicht zugestimmt, wie ich das eigentlich hätte tun müssen. Du weißt, Herr, daß mich das schmerzt, beschämt und niederdrückt, und kennst mein Sehnen[69)], daß dir mein Fehler auf andere Art gutgemacht wird. Ein andermal wollte ich während der Messe kommunizieren und spürte, daß du mir besonders nahe warst. Als ich überlegte, welchen Gegendienst ich dir für deine große Zuwendung erweisen könnte, stelltest du mir jenes Wort des Apostels vor Augen: »Ja, ich möchte selber verflucht und von

Christus getrennt sein um meiner Brüder willen.«[70]
Bis zu diesem Augenblick hatte ich durch deine Eingebung gewußt, daß die Seele im Herzen wohnt. Jetzt zeigtest du mir, daß sie auch im Gehirn zu finden ist. – Dies habe ich später durch das Zeugnis der Schrift erkannt, wenn ich es vorher nicht gewußt habe. – Und du sagtest, es sei etwas Großes, wenn die Seele die Süßigkeit des Genusses im Herzen deinetwegen verläßt, um über die Lenkung der körperlichen Sinne zu wachen und sich mit Werken der Liebe um das Heil der Mitmenschen zu sorgen.

16. Kapitel

Von den Gnadengeschenken am Fest der Geburt des Herrn und an Mariä Lichtmeß

Am Tage deiner hochheiligen Geburt empfing ich dich als zartes Kindlein aus der Krippe, in Windeln gehüllt[71] in mein Herz eingedrückt, um mir aus allen Bitterkeiten deiner kindlichen Nöte ein Myrrhenbüschlein zu sammeln, es an meine Brust zu legen und mich so noch mehr an deiner Gottheit zu erfreuen. Ein größeres Geschenk glaubte ich niemals empfangen zu können, du aber hast dieser Gabe eine noch edlere folgen lassen.

Denn im folgenden Jahre empfing ich dich während der Messe Dominus dixit – »Der Herr sprach ...«[72] – in der Gestalt des zartesten und schönsten Kindleins aus dem Schoße der jungfräulichen Mutter und trug dich eine Weile an der Brust. Dabei schien jenes Mitgefühl mitzuwirken, das ich vor dem Weihnachtsfest einem Bedrängten mit besonderen Gebeten erwiesen hatte. Doch leider war ich zu wenig andächtig, als ich dieses Geschenk besaß; und ich weiß nicht, ob das deine Gerechtigkeit oder meine Nachlässigkeit bewirkt hat. Doch hoffe ich, daß das deine Gerechtigkeit unter Mitwirkung deiner Barmherzigkeit so geordnet hat, damit mir meine Unwürdigkeit deutlicher bekannt würde und ich meine Nachlässigkeit fürchtete. Auch könnte es deshalb geschehen sein, weil ich mich zu langsam von unnützen Gedanken trennte. Doch antworte du für mich, mein Herr und Gott, was dafür die Ursache war. Als ich aber meine Kräfte ein wenig sammelte, um mich dir liebevoll zuzuwenden, fühlte ich, daß ich nur geringe Fortschritte machte, bis ich für die Sünder, die Seelen am Reinigungsort und in anderer Weise Bedrängte zu beten begann und die Wirkung davon bald spürte. Als ich mir nun eines Abends vornahm, bei jedem Gebet für die Verstorbenen neben der Bitte für meine Eltern »Gott, der du uns Vater und Mutter zu ehren aufgetragen hast …« außerdem das Gebet für deine besonderen Freunde »Allmächtiger, ewiger Gott, der niemals ohne Hoffnung auf Erbarmen angerufen wird …« zu sprechen, da schienst du dich darüber besonders zu freuen. Außerdem hatte ich den Eindruck, daß es dich entzückte, wenn ich beim Singen der Texte meine Aufmerksamkeit auf dich richtete, so wie ein Sänger genau ins Buch schaut, wenn er sein Stück noch nicht beherrscht. Doch habe ich dabei und bei anderen Gelegenheiten vieles zu deinem Lob unterlassen, mein gütigster Vater, wie ich dir bei dem bitteren Leiden deines völlig unschuldigen Sohnes Jesus Christus bekenne, von dem du bezeugtest: »Das ist mein geliebter Sohn, an dem ich Gefallen gefunden habe.«[73] Und durch ihn leiste ich dir Ersatz, damit durch ihn jede meiner Nachlässigkeiten getilgt wird.

Am Tage der heiligsten Reinigung wolltest du, unser Heil und unsere Erlösung, dich während der Prozession mit den Opfergaben in den Tempel tragen lassen. Bei der Antiphon »Als sie das Kind hereinbrachten« verlangte deine jungfräuliche Mutter mit strengem Blick dich, ihr geliebtes Kindlein, von mir zurück, als ob ich dich, die Ehre und Freude ihrer reinen Jungfrauenschaft, nicht gut genug versorgt hätte. Da dachte ich daran, daß sie bei dir Gnade gefunden hat und deshalb den Sündern zur Versöhnung und den Verzweifelten zur Hoffnung gegeben wurde, und brach in die Worte aus: »Mutter der Güte, wurde dir nicht dazu der Quell des Mitleids als Sohn gegeben, damit du für alle Gnade erlangst, die sie brauchen, und deine reiche Liebe all unsere Sünden und Fehler zudeckt?« Darauf schaute sie mich in ihrer Güte freundlich an und zeigte mir, daß sie mir zwar wegen meiner Fehler streng erscheine, dennoch aber von tiefem Erbarmen erfüllt und von der göttlichen Liebe ganz und gar durchdrungen sei. Das wurde bald deutlich. Denn infolge meiner Worte verschwand die angenommene Strenge, und sie zeigte sich in ihrer natürlichen, angeborenen Heiterkeit. Deshalb soll die reiche Liebe dieser deiner Mutter eine gnädige Vermittlerin für all meine Verfehlungen sein.

Daß du deine große Güte nicht für dich behalten kannst, wurde im folgenden Jahr überdeutlich, wo du mich an demselben hochheiligen Weihnachtsfest mit einem noch schöneren Geschenk bedacht hast, als ob dies der Eifer meiner Andacht im Jahr davor verdient hätte. Denn ich hätte eher strenge Strafe als ein neues Geschenk verdient. Als nämlich während des Evangeliums »Sie gebar ihren Sohn, den Erstgeborenen ...«[74] gelesen wurde, da reichte deine makellose Mutter mit ihren reinen Händen dich, das unschuldige, liebe, zarte Kindlein, mir und drückte dich fest in meine Arme. Und ich nahm dich zartes Kindlein auf, das mit seinen reizenden Armen meinen Hals umschlang, und ich empfing von deinem Geist aus deinem Munde eine so lebenspendende Erfrischung, daß dich mit Recht meine Seele preist und alles in mir deinen Namen lobt.[75]

Als dann deine seligste Mutter dich in den Windeln der Kindheit einwickeln wollte, da wünschte auch ich, mit dir eingewickelt zu werden, um nicht einmal durch dünne Windeln von dir getrennt zu sein. Denn deine Umarmungen und Küsse sind viel süßer als Honigbecher, und du schienst mir mit der weißesten Leinwand der Unschuld und mit dem goldenen Band der Liebe umschlungen. Wenn ich aber mit dir eingewickelt und umschlungen werden wollte, mußte ich auch ein reines Herz haben und Werke der Liebe tun.

Dank gebührt dir, du Schöpfer der Sterne. Du bekleidest die Himmelslichter und die bunten Frühlingsblumen. Meine Güte benötigst du nicht. Trotzdem hast du am Tag der heiligen Reinigung zu meiner Unterweisung von mir verlangt, dich kleines Kind vor der Prozession in den Tempel zu bekleiden, und zwar sollte ich das aus dem verborgenen göttlichen Gnadenschatz in folgender Weise ausführen:

Ich sollte mich also intensiv bemühen, dich in der makellosen Unschuld deiner Menschheit mit vollkommener, treuer Hingebung zu preisen; und auch, wenn ich all die Ehre selbst erhalten könnte, auf die du Anspruch hast, sollte ich bereit sein, sie dir gern abzutreten, wenn dies das Lob deiner Unschuld vergrößern würde. Durch diese meine Absicht schienst du, dessen Allmacht das, was nicht ist, wie das, was ist, ins Dasein ruft[76], mit einem weißen Gewand in der Gestalt eines kleinen Kindes bekleidet zu werden. Als ich ähnlich andächtig mir deine große Demut vorstellte, schien es, als ob du mit einem grünen Gewand bekleidet wirst. Das sollte ausdrücken, daß deine blühende Gnade immer grünt und im Tal der Demut nie verwelken wird. Als ich in der angegebenen Weise überdachte, was dich zu all deinen Taten treibt, wurde dir ein Purpurkleid angezogen. Damit sollte gezeigt werden, daß das wahrhaft königliche Gewand die Liebe ist, ohne die niemand das himmlische Königreich betritt.[77] Als ich aber bei deiner glorreichen Mutter dieselben Tugenden lobte, schien auch sie in ähnlicher Weise bekleidet zu werden. Weil nun diese gesegnete Jungfrau, die blühende Rose ohne Dorn[78] und die strahlend weiße Lilie ohne Makel, reich, ja überreich ist an Tugendblumen aller Art, so daß sie uns in unserer Armut bereichert, soll sie, so bitten wir, für uns immer eine Vermittlerin sein.

17. Kapitel

Über die göttliche Mäßigung

Eines Tages, als ich mir die Hände gewaschen hatte und zu Tisch gehen wollte, stand ich inmitten des Konvents und betrachtete den Glanz der Sonne, die gerade mit voller Kraft schien. Dabei dachte ich mir: »Wenn der Herr, der diese Sonne geschaffen hat und dessen Schönheit Sonne und Mond bewundern[79)], der sogar ein verzehrendes Feuer[80)] ist, so wahrhaftig bei mir wäre, wie er sich mir oft gegenwärtig zeigt, wie ist es dann möglich, daß ich den Menschen gegenüber so kaltherzig, unmenschlich und schlecht bin?« Doch plötzlich gabst du, dessen Wort mir damals um so lieber war, je mehr ich es für mein schwankendes Herz brauchte, mir diese Antwort ein: »Worin bestünde denn der Vorzug meiner Allmacht, wenn ich nicht durch sie imstande wäre, mich an jedem Ort zu mäßigen, damit ich nicht m e h r wahrgenommen werde oder m e h r erscheine, als es dem Ort, der Zeit und der Person angemessen ist? Denn seit dem Beginn der Erschaffung von Himmel und Erde habe ich mich im gesamten Erlösungswerk mehr auf die Weisheit der Güte als auf die Macht der Majestät gestützt. Diese Güte der Weisheit zeigt sich besonders im Ertragen der Unvollkommenen, bis ich sie durch den freien Willen auf den Weg der Vollkommenheit führe.«

18. Kapitel

Von der väterlichen Unterweisung

An einem Festtage sah ich mehrere Leute zur heiligen Kommunion gehen, die sich meinen Gebeten empfohlen hatten. Ich selbst jedoch wurde durch körperliche Krankheit daran gehindert oder, wie ich fürchte, wegen meiner Unwürdigkeit von Gott zurückgehalten. Als ich nun an die vielen Wohltaten dachte, die du, Gott, mir erwiesen hast, begann ich mich vor dem Windhauch[81)] des nichtigen Ruhmes zu fürchten, der die Ströme der göttlichen Gnade austrocknen könnte, und ich sehnte mich danach, eine solche Erkenntnis zu empfangen, daß ich in Zukunft sicher wäre. Darauf wurde ich von deiner väterlichen Güte so unterwiesen: Ich sollte deine Liebe zu mir als die eines Familienvaters ansehen, der sich über die Schönheit seiner meisten Kinder freut, denen auch die zahlreichen Diener und Nachbarn Beifall spenden, der aber auch ein kleines Kind hat, das die Schönheit der übrigen noch nicht erreicht hat und das er deshalb in seiner väterlichen Liebe häufiger auf den Schoß nimmt und es durch Worte und kleine Geschenke vor den übrigen auszeichnet. Und du fügtest hinzu: Wenn ich also in richtiger Selbsteinschätzung mich für weniger vollkommen als die übrigen hielte, so würde der reiche Strom deiner Gottheit niemals aufhören, sich in meine Seele zu ergießen.

Ich danke dir, mein liebster Gott und Liebhaber der Menschen, kraft der Liebe, die sich die immer zu verehrende und anzubetende Dreifaltigkeit wechselseitig erweist, dafür und für die vielen heilsamen Beispiele, mit denen du, mein bester Lehrer, mich so oft in meiner Unwissenheit belehrt hast. Ich klage bei dem bitteren Leiden Jesu Christi und opfere dir seine Qualen und Tränen für all meine Nachlässigkeiten auf, durch die ich seinen süßfließenden Geist in mir ausgetilgt habe; und ich bitte wie dein geliebter Sohn in seinem wirksamen Gebet in der Kraft des Heiligen Geistes um die Austilgung aller Sünden und um Verzeihung für meine Fehler. Gewähre mir dies durch jene Liebe, die dich umgab, als dein geliebter Sohn, an dem du Gefallen gefunden hast[82)], sich unter die Verbrecher rechnen ließ[83)].

19. Kapitel

Vom Lobpreis der göttlichen Gnade

Liebster Gott, ich danke deiner gütigen Barmherzigkeit und deiner barmherzigen Güte für das geoffenbarte Zeugnis deiner Huld und Gnade, mit der du meinen wankenden und schwankenden Sinn gestärkt hast, als ich in mir allzu gewohnter Weise ungestüm verlangte, aus dem Kerker des unglücklichen Fleisches befreit zu werden, nicht, um das Unglück deutlicher zu spüren, sondern damit du in deiner Güte und Liebe, die sich um das Heil meiner Seele sorgt, nicht mehr verpflichtet bist, mir deine Gnade zu schenken. Auch möchte ich nicht, daß du, göttliche Allmacht und ewige Weisheit, gezwungen wirst, etwas widerwillig zu geben, ja daß du in deiner großen

Freigebigkeit dich einer sehr Unwürdigen und Undankbaren zuwendest.

Es schien nämlich, als ob du, der Schmuck und der Kranz des himmlischen Ruhmes[84], dich von deinem erhabenen Herrscherthron mir mild und gütig zuwendest. Durch diese Zuwendung aber flossen Ströme glücklich machenden Wassers durch die Weite des Himmels, denen sich die einzelnen Heiligen dankend zuwandten; und getränkt mit dem Strom deiner Wonnen[85], stimmten sie herrliche Gesänge zum Lobe Gottes an. Dabei vernahm ich auch diese Worte: »Bedenke, wie angenehm dieses Lob in den Ohren meiner Majestät klingt und zu dem flüssig gewordenen Innersten meines Herzens durchdringt, damit du, der ich jetzt unverdient meine Huld schenke, in Zukunft nicht mehr so ungestüm zu sterben verlangst. Denn je unwürdiger die ist, der ich mich zuwende, desto mehr Achtung bringen mir alle Geschöpfe entgegen.«

Nachdem du mich so in der Stunde getröstet hattest, in der ich mich in rechter Weise auf den Empfang deiner lebenspendenden Sakramente konzentrierte, vermitteltest du mir neben der genannten Offenbarung eine weitere Erkenntnis: Jeder solle in der Weise und Absicht zur heiligsten Vereinigung mit deinem Leib und Blut hinzutreten, daß er um deiner Liebe und Verherrlichung willen es sogar in Kauf nimmt, sich bei diesem Sakrament – wenn dies möglich wäre – das Gericht zuzuziehen[86], damit dadurch die göttliche Liebe um so sichtbarer wird, weil sie es nicht ablehnt, sich einem so Unwürdigen mitzuteilen. Als ich darauf die Entschuldigung vorbrachte, daß jeder, der mit Rücksicht auf seine Unwürdigkeit nicht an der Kommunion teilnimmt, es mit der Absicht tut, ein so würdiges Sakrament nicht voll Vermessenheit zu mißachten, da empfing ich deine segensreiche Antwort mit den Worten: »Wer mit solcher Absicht naht, kann niemals vermessen hinzutreten.« Dafür sei dir Lob und Ruhm in alle Ewigkeit.

20. Kapitel

Von den besonderen Gnadengaben, die ihr Gott gewährte

Mein Herz und meine Seele sollen mit all meinen körperlichen und geistigen Kräften und Sinnen dir, mein liebster Gott und treuester Liebhaber des Menschengeschlechts, für dein gütiges Erbarmen Lob und Dank sagen. Denn du sahst nicht nur darüber hinweg, daß ich bei meiner oft schlechten Vorbereitung mich nicht scheue, am Gastmahl deiner Liebe teilzunehmen, sondern gabst in deiner abgrundtiefen Liebe mir, dem unbedeutendsten deiner Werkzeuge, noch eine Zugabe zu deinem Geschenk: Durch deine Gnade nämlich habe ich Gewißheit erhalten, daß jeder, der dieses Sakrament empfangen möchte, aber aus Gewissensfurcht ängstlich zurückgehalten wird, dann durch deine unermeßliche Güte um seiner Demut willen für diese Sakramente würdig gemacht und sie zum Nutzen für sein ewiges Heil erhalten wird, wenn er demütig von mir, der geringsten deiner Dienerinnen, gestärkt werden will. Du fügtest noch hinzu, daß du nicht zulassen würdest, daß sich jemand an mich um Rat wendet, den du nicht für würdig hältst. Erhabener Herrscher, der du in der Höhe thronst und hinabschaust in die Tiefe[87)], was hat dein göttliches Erbarmen gesagt, als du in deiner Gerechtigkeit sahst, daß ich das Gericht verdiene, weil ich so oft unwürdig das Sakrament empfange? Weil du andere durch die Tugend der Demut würdig machen wolltest, hat deine Güte aus Sorge um mich beschlossen, das durch mich zu tun, obwohl du das ohne mich besser könntest. Denn ich sollte dadurch Anteil haben an den Verdiensten jener, die durch meine Ermahnungen den Weg des Heiles fanden.

Da aber dein Erbarmen nicht nach meinem Unglück verlangt, begnügtest du, gütiger Gott, dich nicht mit nur *einem* Heilmittel. Noch etwas hast du mir Unwürdigsten mitgeteilt: Wenn jemand mit reuevollem Herzen und demütiger Gesinnung bei mir einen seiner Fehler beklagt, dann wirst du, barmherziger Gott, ihn entsprechend meiner Beurteilung für mehr oder weniger schuldig oder unschuldig halten, und er wird nach dieser Stunde durch deine Gnade stets Erleichterung erfahren und von jenem Fehler niemals mehr so bedrängt werden wie früher. Dabei sorgtest du dafür, daß ich, die ich zeitlebens nachlässig war und auch den kleinsten Fehler nicht in erforderlichem Maße überwinden konnte, wenigstens am Siege anderer Anteil erhalte. So verschaffst du, mein guter Gott, durch die Worte meines Mundes deinen würdigeren Freunden die Gnade des Sieges.

Drittens verlieh mir deine reiche Gnade eine weitere Gewißheit: Immer wenn ich jemandem im Vertrauen auf die göttliche Liebe eine Wohltat oder Vergebung für ein Vergehen verspreche, wirst du dich in deiner gütigen Liebe so daran halten, als ob du es selbst geschworen hättest, und das in der Tat! Denn du fügtest hinzu, daß eine so heilbringende Wirkung aufgeschoben würde, wenn sie sich nicht vornähmen, nach jenem Wort des Evangeliums zu handeln, nach dem auch ich für mein Heil sorge: Nach dem Maß, mit dem ihr meßt und zuteilt, wird auch euch zugeteilt werden.[88)] Wenn ich auch ständig weiter in schwere Schuld falle, so sollst du wenigstens Gelegenheit erhalten, sie nachsichtiger zu beurteilen.

Viertens hast du mir aufgetragen, Gutes zu tun, und mir zugesichert, daß jeder, der mich demütig und fromm um mein Gebet bittet, ohne Zweifel alles erlangen wird, was man durch das Gebet eines anderen erhalten kann. Dabei sorgtest du auch für meine Nachlässigkeit: Da ich die pflichtmäßigen und zusätzlichen Gebete für die Kirche, aus denen ich selbst Nutzen ziehen könnte, nicht gewissenhaft verrichte, würdest du gemäß jenem Schriftwort »Es wird dein Gebet in deine Brust zurückkehren«[89)] auch mir Anteil geben an den Früchten deiner Auserwählten, denen du Gutes tust, weil sie durch mich ihre Bitten vortragen.

Fünftens hast du dabei mein Heil vermehrt. Denn du hast mich gleichsam mit einem besonderen Geschenk bedacht, daß nämlich jeder, der mit gutem Willen, rechter Absicht und demütigem Vertrauen mit mir ein Gespräch über das geistliche Wachstum führen möchte, niemals von mir ohne Erbauung und geistliche Tröstung weggehen wird. Dabei hast du auch eine meiner Schwächen berücksichtigt. Da ich nämlich oft viele unnütze Worte sage und mit der mir anvertrauten Redegabe gleichsam die Länder überschütte, wolltest du, daß ich zumindest von fremdem Gut ein wenig geistlichen Gewinn erziele.

Sechstens hat mir, gütiger Gott, deine Freigebigkeit das Geschenk gewährt, das ich am dringendsten benötige. Es gibt mir nämlich Gewißheit, daß jeder, der für mich in Liebe und Treue bittet oder für die Vergebung meiner Jugendsünden[90] und meiner Bosheit und Schlechtigkeit[91] Worte des Gebetes spricht oder gute Werke tut, von deiner Liebe reich belohnt wird. Er wird nicht von dieser Welt gehen, bevor du ihn mit einer solchen Gnade beschenkt hast, daß dich sein Lebenswandel in besonderem Maße erfreut. Und das bei deiner väterlichen Güte und meiner großen Not! Denn du wußtest genau, wie viel mir bei meinen zahllosen Fehlern und Vergehen zur Vollkommenheit fehlt. Da nun deine liebende Barmherzigkeit nicht zulassen kann, daß ich zugrunde gehe, die Schönheit deiner Gerechtigkeit hingegen nicht gestatten kann, daß ich bei meinen zahlreichen Nachlässigkeiten gerettet werde, wird wenigstens in der Weise für mich gesorgt, daß ich aus der Anteilnahme so vieler Nutzen ziehe.

Diesen gütigen Gaben hast du, gütiger Gott, in deiner unermeßlichen Freigebigkeit noch das hinzugefügt: Wenn jemand nach meinem Tode zu der Erkenntnis gelangt, daß du zeit meines Lebens trotz meiner Schwächen so huldvoll und väterlich zu mir warst und sich deshalb demütig meinen wenn auch unwürdigen Gebeten empfiehlt, so wirst du ihn so gnädig erhören, wie du überhaupt jemanden durch die Bitten eines anderen erhören willst, wenn er dir zum Ausgleich für meine Nachlässigkeiten andächtig besonders für fünf Wohltaten dankt: Erstens für die Liebe, mit der du mich seit ewigen Zeiten auserwählt hast. Dies ist von allen unverdienten Gaben die am meisten unverdiente. Denn du kanntest meinen schlechten Lebenswandel, meine Bosheit und Schlechtigkeit und meine Undankbarkeit sehr genau, so daß es auch unter Heiden gerecht gewesen wäre, mir die menschliche Würde zu versagen. Trotzdem hast du in deiner Güte, die all meine Fehler weit übersteigt, mich vor anderen Christen ausgezeichnet und zum Ordensstand berufen.

Zweitens dafür, daß du mich zu meinem Heil an dich gezogen hast. Ich verdanke es deiner Milde und Güte, die zu deinem Wesen gehören, daß du mein ungezähmtes Herz, das eigentlich eiserne Fesseln verdienen würde, mit deiner schönen Liebe so an dich gezogen hast, als ob du in mir eine Gefährtin deiner Milde gefunden hättest und dir die Vereinigung mit mir deshalb eine besondere Freude wäre.

Drittens, daß du dich so innig mit mir vereinigt hast. Ich schreibe das mit vollstem Recht deiner grenzenlosen Freigebigkeit zu. Als ob die Zahl der Gerechten nicht ausreichen würde, um deine reiche Liebe aufzunehmen, hast du mich, die Geringste den Verdiensten nach, herbeigerufen, nicht um mich als die Geeignetere leichter zu rechtfertigen, sondern damit bei der weniger Geeigneten das Wunder deines Erbarmens um so klarer aufleuchtet.

Viertens, daß du an mir deine Freude findest. Ich führe das auf deine leidenschaftliche Liebe zurück, in der du auch mit Worten bekräftigt hast, es sei für dich sehr angenehm, daß deine allmächtige Weisheit sich in so unglaublicher Weise mit dem verbinden kann, was ihr völlig unähnlich und für sie ganz ungeeignet ist.

Fünftens, daß du mich glücklich vollenden willst. Demütig und fest hoffe ich darauf, daß ich trotz meiner Unwürdigkeit diese Auszeichnung von deiner unendlich reichen Liebe gemäß der treuesten Verheißung deiner Wahrheit erhalten werde, und umfasse sie in der sichersten Liebe mit Dankbarkeit, ohne eigene Verdienste, sondern nur durch deine Güte, du mein höchstes, einziges, ganzes und wahrhaft ewiges Gut[92].

Weil all diese Geschenke Ausdruck deiner überwältigenden Gnade sind, die mir in meiner Niedrigkeit überhaupt nicht zustehen, und dir deshalb meine Danksagungen in keiner Weise genügen können, hast du durch gütige Verheißungen andere zum Danken veranlaßt, damit durch ihre Verdienste mein Mangel ausgeglichen werden kann. Dafür sei dir höchstes Lob und reicher Dank von allen im Himmel, auf der Erde und unter der Erde[93].

Darüber hinaus hat deine unschätzbare Liebe, mein Gott, die genannten Geschenke noch mit einem Vertrag bestätigt. Denn als ich eines Tages über sie nachdachte und deine reiche Liebe mit meiner Sündhaftigkeit verglich, erhob ich vermessen den Einwand, du habest mir das nicht wie bei einem Vertragsabschluß Hand in Hand bestätigt. Du aber versprachst, das zu berücksichtigen, und sagtest gütig: »Wende dies nicht ein. Tritt hinzu und empfange die Bestätigung meines Vertrages.« Und sofort erblickte ich dich, wie du gleichsam mit beiden Händen jene Schatzkammer der göttlichen Treue und unfehlbaren Wahrheit auftatest – nämlich dein göttliches Herz – und befahlst, daß ich Vermessene, die ich nach Art der Juden ein Zeichen sehen wollte[94], meine rechte Hand hineinlege; und mit meiner Hand in deinem geöffneten Herzen sagtest du: »Sieh, ich versprach, daß ich die dir verliehenen Gaben ungeschmälert bewahren werde. Sollte ich dir jedoch ihre Wirksamkeit eine Zeitlang entziehen, verpflichte ich mich, sie dir danach mit dreifachem Gewinn zu bezahlen von seiten der Allmacht, Weisheit und Güte der wunderbaren Dreieinigkeit, in deren Mitte ich lebe und herrsche, wahrer Gott in alle Ewigkeit.« Als ich nach diesen Worten deiner Liebe meine Hand zurückzog, erschienen in ihr sieben kleine goldene Kreise, nach Art von sieben Ringen, auf jedem Finger einer, auf dem Ringfinger drei, zum treuen Zeugnis dessen, daß die genannten Privilegien nach meinem Wunsch bestätigt waren. Dabei fügte deine unermeßliche Liebe noch diese Worte hinzu: »Sooft du im Vertrauen auf meine Güte an deine Unwürdigkeit denkst und anerkennst, daß du meine Geschenke nicht verdienst, ebenso oft zahlst du mir den schuldigen Zins von meinen Gütern.« Wie gut weiß deine väterliche Güte für die völlig entarteten Kinder zu sorgen[95], da du nach der Verschwendung des Vermögens der Unschuld und folglich auch der dir angenehmen Andacht die Erkenntnis meiner großen Unwürdigkeit angenommen hast! Daß ich sie zu deinem Lob und meinem Heil erkenne und dir darüber hinaus wegen deiner Liebe völlig vertraue, das gib, du Spender der Gaben, von dem alles Gute stammt und ohne den man nichts für tüchtig oder gut halten kann.

21. Kapitel

Von der Wirkung der Anschauung Gottes

Angesichts der unverdienten Wohltaten, mit denen du mich so gütig bedacht hast, wäre es meiner Meinung nach sehr unrecht, wenn ich in undankbarem Schweigen das Geschenk überginge, das du mir einmal während der Fastenzeit liebevoll zukommen ließest. Am zweiten Fastensonntag also, als bei der Messe vor der Prozession der Wechselgesang »Ich sah den Herrn von Angesicht zu Angesicht« erklang, wurde meine Seele von einem wunderbaren, unbeschreiblichen Glanz[96] erleuchtet; und im Licht der göttlichen Offenbarung erschien mir, gleichsam an mein Gesicht angeschmiegt, ein Gesicht, das, wie der heilige Bernhard sagt, »nicht gestaltet ist, sondern gestaltend, nicht die Augen des Körpers berührt, sondern das Herz erfreut, nicht durch das Aussehen wirkt, sondern durch die Liebe«[97]. Wie du mich bei dieser herrlichen Vision mit deinen sonnenhellen Augen direkt anzublicken schienst, wie du, mein höchstes Glück, nicht nur meine Seele, sondern auch mein Herz mit allen Gliedern ergriffen hast, das weißt nur du allein, und ich will dir dafür ergeben dienen, solange ich lebe.

Aber auch wenn die Rose zur Frühlingszeit, wo sie grünt, blüht und duftet, ganz anders gefällt als im Winter, wo sie längst verwelkt ist und man nur sagen kann, daß sie angenehm geduftet *hat*, so scheint dennoch die Erinnerung daran ein wenig Freude zu erwecken. Deshalb möchte auch ich, so genau ich das kann, zum Lob deiner Liebe berichten, was ich empfand, als ich dich schaute, damit diejenigen unter meinen Lesern, die vielleicht Ähnliches oder Größeres empfangen haben, durch die Erinnerung zur Danksagung angeregt werden. Und auch ich selbst will immer wieder daran denken und dankbar die Finsternis meiner Nachlässigkeiten durch diesen sonnenhell glänzenden Spiegel verscheuchen.

Als du nämlich, wie gesagt, dein heiß ersehntes, unendlich beglückendes Antlitz an mich angeschmiegt hattest, da spürte ich, wie ein unsagbar beseligendes Licht aus deinen vergöttlichenden Augen in mich einströmte. Es durchdrang mein Innerstes völlig und schien in all meinen Gliedern eine wunderbare Wirkung zu erzeugen, indem es mein Fleisch und Gebein bis ins Mark auflöste, so daß ich den Eindruck hatte, mein ganzes Wesen sei nichts anderes als jene göttliche Herrlichkeit, die, in unbeschreiblich schöner Weise mit sich selbst übereinstimmend, meiner Seele eine unschätzbare Liebenswürdigkeit der Gnade verlieh.

Was soll ich noch von jener überaus beglückenden Vision sagen? Wie mir scheint, hätte die Beredsamkeit aller Zungen alle Tage meines Lebens es niemals vermocht, auch in der himmlischen Glorie nicht, mir beizubringen, dich in dieser herrlichen Weise zu schauen, wenn nicht deine Gnade, mein Gott, du einziges Heil meiner Seele, mich durch Erfahrung dazu geführt hätte. Noch etwas möchte ich sagen: Wenn es bei den göttlichen Dingen wie bei den menschlichen ist, dann überschreitet meiner festen Überzeugung nach die Kraft deines Auges jene Vision so sehr, daß die Seele dessen, der so etwas auch nur einen Augenblick lang erlebt hat, nicht länger im Körper bleiben könnte, wenn nicht deine göttliche Macht den Menschen zusammenhielte. Dennoch weiß ich genau, daß du in deiner unerforschlichen Allmacht und reichen Güte dich sowohl bei der Vision als auch bei der Umarmung, dem Kuß und den übrigen Liebeszeichen genauestens dem Ort, der Zeit und der Person anzupassen pflegtest, seit ich sie öfter erfuhr. Dafür danke ich dir bei der Liebesgemeinschaft der stets zu verehrenden Dreifaltigkeit. Das Geschenk deines überaus lieben Kusses – denn kaum daß ich saß und mich in meinem Innersten mit dir befaßte, das Stundengebet verrichtete oder Nachtwachen für Verstorbene hielt, da hast du oft während eines einzigen Psalmes zehnmal oder mehr einen ganz süßen Kuß auf meinen Mund gedrückt, einen Kuß, der sogar jeden Wohlgeruch und Honigbecher übertrifft – und auch deine so liebevolle Hinwendung zu mir habe ich oft wahrgenommen und deine feste Umarmung in meiner Seele gespürt. Und obgleich das alles wunderschön war, habe ich dennoch niemals mehr eine solche Wirkung der göttlichen Kraft erfahren wie in jener hervorragenden, erhabenen Hinwendung, über die ich vorher gesprochen habe. Dafür und für alles, dessen Wirkung du allein kennst, sei dir jenes vollendete Glück, das das menschliche Fassungsvermögen übersteigt, mit dem in der himmlischen Schatzkammer der Gottheit eine Person die andere beschenkt.

22. Kapitel

Dank für ein sehr großes, aber völlig verborgenes Geschenk

Ebenso sehr oder noch mehr, wenn das möglich ist, will ich dir Dank sagen für ein nur dir bekanntes, überaus vortreffliches Geschenk. Seine große Würde läßt nicht zu, daß ich es in Worte fasse oder es unerwähnt lasse. Denn wenn ich einmal auf Grund meiner menschlichen Schwäche, wenn auch ganz unverdient, nicht daran denken würde – was ferne sei –, so könnten mich doch diese Aufzeichnungen daran erinnern und meine Dankbarkeit erneuern. Doch deine reiche Güte und Gnade, mein Gott, soll mich, dein unwürdigstes Geschöpf, ganz vor dem lasterhaften Wahnsinn schützen, auch nur für einen Augenblick willentlich dieses so angenehme Geschenk deiner Vision zu vergessen, das ich umsonst von deiner grenzenlosen Freigebigkeit empfangen und so viele Jahre ohne eigene Verdienste erhalten habe. Denn obwohl ich die Unwürdigste von allen bin, muß ich dennoch bekennen, daß ich durch dieses Geschenk mehr empfangen habe, als je ein Mensch in diesem Leben verdienen könnte. Deshalb bitte ich dich: Erhalte mir in deiner Güte und Milde dieselbe Gnade, mit der du mich völlig umsonst und unverdient beschenkt hast, und übe auf mich, den Abschaum[98)], eine solche Wirkung aus, daß du von jedem Geschöpf ohne Ende gelobt wirst. Denn je deutlicher meine Unwürdigkeit sichtbar wird, desto mehr leuchtet die Herrlichkeit deiner sich erbarmenden Gnade auf.

23. Kapitel

Danksagung für empfangene Gnaden, die sie zu bestimmten Zeiten andächtig zu verrichten pflegte

Dich lobe meine Seele, Herr Gott, mein Schöpfer; dich lobe meine Seele[99], und aus dem Innersten meines Wesens sollen dich deine Erbarmungen offenbaren, die du mir in deiner grenzenlosen Liebe zuteil werden ließest, du, mein liebster Freund. Ich danke deiner unermeßlichen Barmherzigkeit, sosehr ich kann, und lobe und preise deine Langmut und Geduld. Denn du warst nachsichtig, als ich meine gesamte Kindheit und Jugend fast bis zu meinem 25. Lebensjahr in Torheit verblendet verbrachte und – wie mir jetzt scheint – in Gedanken, Worten und Werken ohne Gewissensbisse alles getan hätte, wozu Gelegenheit bestand, wenn du es nicht entweder durch die mir von Natur aus innewohnende Abscheu vor dem Bösen und Liebe zum Guten oder durch äußeren Widerspruch der Nächsten verhindert hättest, so als ob ich als Heidin unter Heiden gelebt und niemals erkannt hätte, daß du, mein Gott, das Gute belohnst und das Böse bestrafst. Du jedoch hast mich seit meiner frühen Kindheit, von meinem fünften Jahre an, dazu auserwählt, unter deinen vertrautesten Freunden für deinen Dienst in der heiligen Klosterzelle vorbereitet zu werden. Obwohl deine Seligkeit, mein Gott, weder anwachsen noch abnehmen kann, da du unsere Güter nicht benötigst, hat dennoch – wenn man das so sagen kann – mein so sündhaftes und nachlässiges Leben deiner Verherrlichung Abbruch getan, zu der ich mit jedem Geschöpf in jedem Augenblick verpflichtet wäre. Was darüber mein Herz empfindet oder, durch deine Huld bis in die Fundamente erschüttert, empfinden könnte, weißt nur du allein.

In derselben Empfindung opfere ich dir, liebster Vater, zur Sühne das gesamte Leiden deines überaus geliebten Sohnes auf, der anfangs in der Krippe auf Heu lag[100] und weinte, dann die Nöte und Entbehrungen der Kindheit, die Widrigkeiten der Jugend und die Leiden im Mannesalter erduldete und schließlich am Kreuz sein Haupt neigte, laut aufschrie und den Geist aushauchte[101]. Ebenso stelle ich dir, liebster Vater, als Ausgleich für all meine Nachlässigkeiten den ganzen hochheiligen Lebenswandel deines einzigen Sohnes vor Augen, der in allen Gedanken, Worten und Werken vollkommen war von der Stunde an, wo er, vom höchsten Thron gesandt, durch das Ohr der Jungfrau die Erde betrat, bis zu jener Stunde, wo er deinen »väterlichen Blicken die Herrlichkeit des siegreichen Fleisches vorgestellt hat«[102].

Da es richtig ist, daß das Herz deines Freundes in allen Widrigkeiten mit dir mitleidet, bitte ich ferner bei deinem einzigen Sohn in der Kraft des Heiligen Geistes: Wenn auf meine Bitte hin oder auf andere Veranlassung jemand in meinem Leben oder nach meinem Tod zu deinem Lob etwas zur Minderung meiner Mängel tun möchte, und sei es noch so wenig, dann nimm auch für ihn das Opfer des Leidens und Lebens deines überaus geliebten Sohnes an, damit er in seinen Sünden und Versäumnissen sich bessern und vervollkommnen kann. Laß mich dies immer und auch dann noch wünschen, wenn ich mit dir durch deine Gnade im Himmel mitherrschen werde.

Ebenso bete ich voller Lob mit deiner alles überragenden Barmherzigkeit auch deine liebe Güte an, in der du, Vater des Erbarmens[103], über mich Sünderin Pläne des Heils und nicht des Unheils[104] erdacht und mich durch die Menge und Größe deiner Gaben so erhöht hast, als ob ich vor allen anderen Menschen ein engelgleiches Leben auf Erden geführt hätte. Und das hast du in der Adventszeit vor jenem Epiphaniefest begonnen, an dem ich 25 Jahre alt wurde, und zwar mit einer gewissen Verwirrung, durch die mein Herz so bewegt wurde, daß ich jede jugendliche Ausgelassenheit für töricht hielt. So wurde mein Herz einigermaßen für dich vorbereitet; und nach Beginn meines 26. Lebensjahres, am Montag vor dem Fest Mariä Reinigung in der Dämmerung jenes Tages nach der Komplet, hast du, wahres Licht, das in der Finsternis leuchtet[105], mit der Nacht der erwähnten Verwirrung auch den Tag der jugendlichen Torheit beendet, der durch die geistliche Unwissenheit verdunkelt war. Denn in jener Stunde hast du mich auf wunderbare Weise klar und deutlich durch deine Gunst erfreut und dich freundschaftlich mit mir ausgesöhnt. Du verbandest mich mit dir und deiner Liebe und zeigtest mir den Weg zu meinem Innersten, das mir bis dahin weitgehend unbekannt war. Zugleich begannst du wunderbar und geheimnisvoll an mir zu handeln, um danach gleichsam im eigenen Hause wie ein Freund mit dem Freunde oder besser wie ein Bräutigam mit der Braut in meinem Herzen mit meiner Seele stets deine Freude zu finden.

Zu dieser Aufgabe der Liebe hast du mir zu verschiedenen Stunden in vielfacher Weise Gnade geschenkt. Doch besonders huldvoll hast du mich am Tage vor der heiligen Verkündigung und schließlich vor der Himmelfahrt – du begannst liebevoll in der Frühe und vollendetest am Abend nach der Komplet – mit jener Gabe bedacht, die für jedes Geschöpf bewundernswert und verehrungswürdig ist. So hatte ich von jener Stunde an bis heute nicht einen einzigen Augenblick lang den Eindruck, daß du meinem Herzen entfremdet wärest, sondern ich wußte dich stets bei mir gegenwärtig, sooft ich mich zu meinem Inneren hinwandte, ausgenommen einmal elf Tage. Da ich nicht mit Worten ausdrücken kann, mit wie großen, zahlreichen und wertvollen Gütern du deine heilbringende Gegenwart mir noch angenehmer gemacht hast, so gib, du Spender der Gaben, daß ich dir ein Lobopfer im Geist der Demut darbringe, besonders dafür, daß du dir in meinem Herzen eine so schöne Wohnung bereitet hast, die dir und mir gefällt, was ich weder vom Tempel Salomos noch vom Speisesaal des Xerxes gelesen oder gehört habe. Denn mir schien, daß dir jene Freuden lieber sind, die du dir selbst in meinem Innersten durch deine Gnade bereitet hast und es ermöglichen, daß ich mit dir genauso verkehre wie eine Königin mit dem König.[106)]

Von diesen Gaben schätze ich besonders jene zwei, daß du meinem Herzen die erhabenen Zeichen deiner so heilsamen Wunden eingedrückt und dazu die Wunde der Liebe so sichtbar und wirksam meinem Herzen eingeprägt hast. Denn auch wenn du mir niemals einen größeren inneren oder äußeren Trost gegeben hättest, so hast du mich doch mit diesen beiden so glücklich gemacht, daß ich aus ihnen zu jeder Stunde mehr als genug Trost, Unterweisung und Grund zur Danksagung schöpfen könnte, selbst wenn ich 1000 Jahre zu leben hätte.

Ferner hast du mir unter diesen Gaben deine unschätzbare, vertraute Freundschaft gewährt, indem du in verschiedener Weise jenen erhabenen Schatz der Gottheit, dein göttliches Herz, mir als Quelle all meiner Freuden mitgeteilt hast. Bald gabst du es mir umsonst, bald tauschtest du es zum deutlicheren Zeichen unserer Vertrautheit mit dem meinigen aus. Damit hast du mir auch die Geheimnisse deiner verborgenen Urteile und deiner Freuden geoffenbart. Mit deiner liebevollen Hingabe hast du mich im Innersten meiner Seele angesprochen; und wenn mir nicht bekannt wäre, daß deine Gnade überreich ist, könnte ich mir nicht vorstellen, daß du deiner würdigen, allerseligsten Mutter, die mit dir im Himmel regiert, noch größere Gnade erwiesen hast, wie sie keinem anderen Geschöpf zuteil wurde.

Ferner hast du mich auf sanfte und freundliche Weise zur heilsamen Erkenntnis meiner Fehler geführt und mich dabei so freundschaftlich vor jeder Beschämung bewahrt, als hättest du – es ist unrecht, das zu sagen – die Hälfte deines Reiches[107)] verloren, wenn du meine mädchenhafte Schüchternheit auch nur ein wenig erschüttert hättest. So hast du mir auf kluge, versteckte Art mitgeteilt, daß dir die Fehler einiger Leute nicht gefielen. Als ich bei diesen Fehlern jedoch auf mich blickte, fand ich mich schuldiger als jemanden von denen, die du mir vorstelltest, obwohl du mir nicht die leiseste Andeutung machtest, daß du solche Fehler zumindest in geringem Umfang auch bei mir entdeckt hättest.

Darüber hinaus hast du meine Seele durch feste und zuverlässige Verheißungen angelockt, wie du mir im Tod und nach dem Tod Gutes erweisen willst; und wenn ich kein anderes Geschenk von dir besäße, so würde mit Recht schon dafür allein mein Herz sich in lebendiger Hoffnung nach dir sehnen. Doch nicht einmal so ist das Meer deiner unbegrenzten Liebe ausgeschöpft worden, sondern du hast mich häufig mit unglaublichen Wohltaten erhört, wenn ich für die Sünder, die Seelen der Verstorbenen oder für andere Dinge betete; und wegen der Kleinmütigkeit des menschlichen Herzens habe ich nie einen Freund gefunden, dem ich all meine Gedanken ohne Bedenken hätte anvertrauen können.

Als Krönung dieser Wohltaten hast du mir deine innigst geliebte Mutter, die seligste Jungfrau Maria, zur Sachwalterin gegeben und mich häufig ihrer Zuneigung so freundschaftlich empfohlen, wie ein treuer Bräutigam die geliebte Braut seiner eigenen Mutter nicht besser hätte empfehlen können.

Außerdem hast du mir zum besonderen Dienst öfter die edelsten Fürsten deines Hofes bestellt, nicht nur von den Chören der Engel und Erzengel, sondern auch der Höhergestellten, so wie du, mein gütigster Gott, es in deiner Liebe für angemessen hieltest, um mich zu entsprechenden Diensten in den geistlichen Übungen zu erheben. Wenn du jedoch manchmal zu meiner größeren Vervollkommnung mir diese Freuden teilweise entzogst und ich in meiner großen Undankbarkeit deine Geschenke sogleich als wertlos vergaß, dann hast du, wenn ich nach einiger Zeit zur Einsicht gelangte und das verlorene Geschenk von dir zurückerhalten sollte, es mir im selben Augenblick so unversehrt wiedergegeben, als wenn ich es mit größter Sorgfalt in deinem Schoß zur Aufbewahrung hinterlegt hätte.

Weiterhin hast du sehr oft, ganz besonders aber am Fest deiner hochheiligen Geburt, am Sonntag »Esto mihi« und an einem anderen Sonntag nach Pfingsten mich zu einer solchen Vereinigung mit dir geführt, ja fortgerissen, daß ich über das Wunder staune, wie ich nach jenen Stunden noch länger als Mensch unter Menschen leben konnte. Noch erstaunlicher und furchtbarer jedoch ist an mir, daß ich danach nicht in der Lage war, mit Erfolg gegen meine Fehler anzugehen.

Trotzdem ist die Quelle deines Erbarmens nicht ausgetrocknet, mein Jesus, du Liebster aller Liebenden, denn du allein liebst selbst Unwürdige wahrhaft und uneigennützig.

Denn als es im Laufe der Zeit dazu kam, daß mir so wertvolle Geschenke nichts mehr bedeuteten, die Himmel und Erde mit Recht ohne Unterlaß mit höchster Freude preisen würden, da hast du Spender, Erneuerer und Bewahrer alles Guten mich Gefühllose wieder zur Dankbarkeit angeregt, und zwar dadurch, daß du einigen Personen, die ich als dir sehr ergeben und vertraut kenne, über die mir von dir verliehenen Geschenke Dinge mitgeteilt hast, die sie – ich weiß das mit Sicherheit – nicht von einem Menschen haben konnten, da ich mit keinem Menschen darüber gesprochen hatte; und dennoch hörte ich aus ihrem Munde Worte, die ich nur in der Abgeschiedenheit meines Herzens vernommen habe.

Mit diesen Worten und dem übrigen, was sich dabei meinem Gedächtnis aufdrängt, erstatte ich dir zurück, was dein ist. Ich gebe es als Echo wieder und singe dir, Herr, Gott, anbetungswürdiger Vater, durch die Kraft des Geistes, des Trösters, auf jenem wunderbaren Instrument, deinem göttlichen Herzen, das Lob und den Dank von allen, die im Himmel, auf der Erde und unter der Erde sind[108], und von allem, was ist, war und sein wird.

Wie der Glanz des Goldes im Vergleich mit anderen Farben deutlicher zutage tritt und die schwarze Farbe wegen des Unterschieds zum Gold besonders schwarz erscheint, so hebt sich auch der schwarze Undank meines Lebens besonders deutlich von den im Goldglanz strahlenden göttlichen Wohltaten mir gegenüber ab. Auf Grund deiner angeborenen königlichen, ja göttlichen Freigebigkeit konntest du mir nur deiner würdige Geschenke verleihen, ich jedoch in meiner angeborenen Ungeschicktheit habe sie völlig entstellt und verunstaltet. Doch du hast das in deiner natürlichen königlichen Milde gar nicht beachtet und mir offensichtlich nicht weniger Gutes erwiesen. Obwohl dein Platz im himmlischen Palast bei deinem gütigen Vater ist, hast du dir meine arme Hütte zur Herberge ausgesucht. Doch ich war eine schäbige, gleichgültige Gastgeberin und habe mich nur wenig um dein Wohlbefinden bemüht; denn aus natürlichem menschlichem Gefühl müßte ich mich selbst einem Aussätzigen mit größerer Sorge widmen, wenn er nach vielen mir zugefügten Beleidigungen und mir verursachtem Ärger aus Not in meiner Herberge einkehren würde.

Ebenso hast du, Bekleider der Sterne[109], mir viel Gutes erwiesen und mein Innerstes reich ausgeschmückt. Du hast mir deine überaus heiligen Wunden eingedrückt, deine Geheimnisse offenbart und mir vertrauliche und zärtlichste Liebkosungen gewährt. Dabei hast du mich durch geistliche Freuden in einem Ausmaß beglückt, das ich durch körperliche Genüsse nie erreicht hätte, selbst wenn ich von Ost nach West durch die ganze Welt gereist wäre. Doch ich habe dir Schande bereitet und deine Geschenke mißachtet. Denn ich habe weltliche Vergnügungen gesucht und irdische Dinge[110] deinem himmlischen Manna vorgezogen. Deinen Verheißungen jedoch, du Gott der Wahrheit[111], habe ich mißtraut und sie für wirkungslos gehalten, als ob du ein lügnerischer Mensch[112] wärst, der niemals ein Versprechen gehalten hat.

Obwohl du gütig meine Gebete angehört hast, habe ich dennoch oft mein Herz gegen deinen Willen verhärtet und – was ich mit Tränen sagen müßte – mich gestellt, als ob ich ihn nicht verstände, nur um nicht von meinem Gewissen gezwungen zu werden, ihn zu erfüllen. Obwohl du mir die Fürsprache deiner glorreichen Mutter und der seligsten Geister gewährt hast, habe ich ihnen oft ein Hindernis in den Weg gelegt und den Trost äußerer Freunde gesucht, wo ich auf dich allein hätte schauen sollen. Da du mir in deiner Güte trotz meiner Nachlässigkeiten deine Gaben unversehrt bewahrst, müßte ich dir eigentlich dankbarer sein und mich bessern. Ich jedoch nehme das in gewalttätiger, ja teuflischer Weise erst recht zum Anlaß, ohne Vorsicht zu leben, und vergelte so Gutes mit Bösem[113]. Meine größte Schuld jedoch besteht darin, daß ich nach einer so unvorstellbaren, nur dir allein bekannten Vereinigung mit dir nicht davor zurückgeschreckt bin, meine Seele aufs neue mit jenen Fehlern zu beflecken, die du mir nur deshalb gelassen hattest, damit ich sie mit deiner Hilfe im Kampf besiegen und so bei dir im Himmel auf ewig eine größere Herrlichkeit besitzen könnte. Dazu kommt eine weitere Schuld. Denn als du deinen Freundinnen meine Geheimnisse entdecktest, um in mir Dankbarkeit zu wecken, habe ich deine Absicht mißachtet, mich darüber manchmal in sehr menschlicher Weise gefreut und bin dir dadurch den nötigen Dank schuldig geblieben.

Und jetzt, du gütigster Kenner meines Herzens, soll hierüber und über anderes, was mir bei dieser Gelegenheit in den Sinn kommen kann, das Seufzen meines Herzens zu dir aufsteigen[114)]. Nimm die Klage, die ich dir für meine allzu vielen Verfehlungen gegen deine göttliche Milde und erhabene Güte aufopfere, zugleich mit jenem edlen Mitleid und jener Ehrfurcht an, deren Aufopferung du uns durch deinen liebsten Sohn im Heiligen Geist von seiten aller ermöglicht hast, die im Himmel, auf der Erde und unter der Erde[115)] sind. Denn da ich überhaupt nicht in der Lage bin, würdige Früchte der Sühne darzubringen, bitte ich dich, mein liebster Freund: Gib in deiner Güte den Menschen, deren Herzen du dir in Treue verbunden weißt – denn ein solches Sühnopfer kann dich sicher besänftigen – den Willen ein, meine über alle Maßen große Mangelhaftigkeit durch Seufzen, Gebete oder gute Werke zu ersetzen und dich so, mein Herr und Gott, angemessen zu loben. Denn du, Erforscher meines Herzens[116)], weißt genau, daß mich zu dieser Schrift nichts anderes gezwungen hat als die echte Liebe, dich zu verherrlichen, damit nach meinem Tode viele Leser Mitleid mit deiner überreichen Güte und Liebe haben, weil du dich für das Heil eines Menschen so tief herablassen mußtest und es zugelassen hast, daß ich so große und zahllose Geschenke gering geschätzt, ja überhaupt all deine Gaben mißbraucht habe. Doch ich danke dir, mein Herr und Gott, mein Schöpfer und Erneuerer, soweit ich es vermag, dafür, daß du in deiner milden Barmherzigkeit mir aus dem überströmenden Abgrund deiner Liebe fest versichert hast, daß kein Sünder, der in frommer Absicht den Entschluß faßt, zu deinem Lob an mich zu denken – sei es durch Gebet für die Sünder, durch Danksagung für die Auserwählten oder durch ein anderes, möglichst vollkommen verrichtetes gutes Werk – das gegenwärtige Leben beenden wird, ohne daß du ihn mit der besonderen Gnade belohnst, daß dir sein Lebenswandel gefällt und du dich an der Gesinnung seines Herzens erfreust.

Dafür sei dir ewiges Lob, das aus der unerschaffenen Liebe hervorquillt und immer in dich selbst zurückfließt.

24. Kapitel

Empfehlung dieser Schrift

Siehe, mein liebster Herr, das Talent deines gütigen und vertrauten Umgangs, das du mir, einem unwürdigen Geschöpf von äußerster Niedrigkeit, anvertraut hast[117], zeige ich aus Liebe zu deiner Liebe[118] in meiner bisherigen und in der folgenden Schrift auf. Denn das Wagnis, unbekümmert von deiner Gnade zu künden, gehe ich in der festen Hoffnung ein, daß kein anderer Grund mich angetrieben hat, solches zu schreiben oder zu sagen, als die Übereinstimmung mit deinem Willen, das Verlangen, dich zu loben, und der Eifer für die Seelen. Du selbst also bist mein

Zeuge: Mein sehnlichster Wunsch besteht darin, daß du Lob und Dank erhältst, weil sich deine unbegrenzte Liebe meiner Niedrigkeit nicht entzogen hat. Ferner möchte ich, daß man dich lobt, weil manche Leser, durch die Schönheit deiner Liebe erfreut und dadurch angezogen, in ihrem Inneren noch Größeres erfahren. Wie Schüler durch das Alphabet allmählich zu den Gesetzen des Denkens durchdringen, so sollen jene wie durch gemalte Bilder dazu geführt werden, jenes verborgene Manna[119)] innerlich zu verkosten, das durch keine Beimischung von körperlichen Bildern mitgeteilt werden kann, sondern nur bei dem weiterhin Hunger bewirkt, der davon ißt. Weide uns damit, allmächtiger Gott, du Spender alles Guten, reichlich auf unserem Weg in dieser Verbannung, bis wir mit enthülltem Angesicht die Herrlichkeit des Herrn schauen und so in sein eigenes Bild verwandelt werden, von Herrlichkeit zu Herrlichkeit[120)], durch die Kraft deines gütigen Geistes.

Inzwischen aber gewähre nach deiner treuen Verheißung und auf mein bescheidenes Verlangen hin allen demütigen Lesern dieser Schrift Mitfreude an deiner Gnade, Mitleid mit meiner Unwürdigkeit und Mitbetroffenheit zu ihrem eigenen Fortschritt, damit aus den goldenen Rauchfässern ihrer liebeglühenden Herzen ein so angenehmer Duft zu dir aufsteigt[121)], daß dadurch alle Mängel meiner Undankbarkeit und Nachlässigkeit reichlich ersetzt werden.

III. BUCH

45. Kapitel

Wie der Herr die Ehrfurchtsbezeigung aufnimmt, die man einem Kruzifix erweist

Als sie an einem Freitag die ganze Nacht in Betrachtungen und liebendem Verlangen schlaflos zugebracht hatte und schließlich daran dachte, mit welcher Zärtlichkeit sie die Eisennägel aus dem Kruzifix, das sie ständig bei sich trug, herausgezogen und durch duftende »Gewürznägel« ersetzt hatte, sprach sie zum Herrn: »Mein liebster Freund, wie nimmst du es auf, daß ich die Eisennägel aus den süßströmenden Wunden deiner Hände und Füße herausgezogen und statt ihrer voll Liebe angenehm duftende »Gewürznägel« hineingesteckt habe?« Der Herr antwortete: »Ich habe deine Zärtlichkeit so aufgenommen, daß ich dafür in alle Wunden, die von deinen Sünden herrühren, den edelsten Balsam meiner Gottheit gegossen habe. Deshalb freuen sich alle Heiligen in Ewigkeit auf wunderbare Weise, daß deine Wunden durch das Eingießen der kostbaren Flüssigkeit Gefallen finden.« Da sagte sie: »Wirst du, mein Herr, alle, die dasselbe tun, ebenso behandeln?« Der Herr erwiderte: »Nicht allen, sondern nur denen, die es mit gleicher Zärtlichkeit tun, will ich auf ähnliche Art Gutes erweisen. Alle aber, die, durch dein Beispiel angespornt, dasselbe tun, will ich nicht ganz so, aber ausreichend belohnen.«

Darauf nahm sie das Kruzifix, bedeckte es mit zärtlichen Küssen, umarmte es innig und liebkoste es auf vielfältige Weise. Als sie jedoch nach einer Weile spürte, wie ihr Herz von dem Wachen ermattet war, legte sie das Kreuz nieder und sprach: »Ich wünsche dir eine gute Nacht, mein Geliebter, und erlaube auch mir zu schlafen, damit ich die Kräfte wiedergewinne, die ich in der Betrachtung mit dir fast völlig aufgebraucht habe.« Nach diesen Worten wandte sie sich von dem Bilde ab und wollte schlafen. Während sie so ruhte, streckte der Herr seine Rechte gleichsam vom Kreuz nach ihrem Hals aus, als ob er sie umarmen wollte, näherte sich mit seinem rosigen Mund ihrem Ohr und sagte zärtlich flüsternd zu ihr: »Höre mich, meine Geliebte, denn ich will dir jetzt ein Liebeslied singen;« und er begann mit seiner schön klingenden Stimme nach der Melodie des Hymnus »Christ König, du Schöpfer«[1] die folgende Strophe zu singen:

»Meine Liebe, treu allezeit,
bringt dir Sehnsucht und damit Leid.
Deine Liebe ist herrlich schön,
daß vor Freude ich könnt' vergehn.«[2]

Danach sprach er: »Füge nun, meine Geliebte, den einzelnen Versen des Hymnus ›Christ König‹ anstelle des üblichen ›Kyrie eleison‹[3] eine beliebige Bitte hinzu, und sie wird dir gewährt werden.«[4] Als sie darauf andächtig für einige Anliegen betete, wurde sie sehr gütig erhört.

Danach sang der Herr diese Strophe noch einmal, forderte Gertrud wiederum zum Beten auf, wiederholte dasselbe noch mehrere Male und ließ sie in keiner Weise körperlichen Schlaf finden, bis sie fast am Ende ihrer Kräfte war und dringend Erholung benötigte. Schließlich schlief sie vor Tagesanbruch ein wenig ein. Und siehe, der Herr Jesus, der denen, die ihn lieben, niemals fern, sondern immer nahe ist, erschien ihr im Schlaf und erquickte sie in seinem Schoß. Er bereitete ihr gleichsam in der süßfließenden Wunde seiner gesegneten Seite eine wohlschmeckende Speise und legte ihr die einzelnen Bissen mit seiner Hand ganz liebevoll und zärtlich in den Mund, um sie zu stärken. Weil sie nun im Schlaf so wunderbar wiederhergestellt war, spürte sie beim Erwachen, daß sie ihre Kräfte wiedergewonnen hatte, und bedankte sich herzlich beim Herrn.

57. Kapitel

Wie der Teufel eine wohlbedachte Erholung fürchtete

Als sie eines Nachts in vielfältiger Weise durch die Gegenwart des Herrn Trost empfangen und sich um geistliche Einsichten bemüht hatte, war sie sehr geschwächt. Deshalb nahm sie Weintrauben und erfrischte sich mit der Absicht, in sich selbst den Herrn zu erquicken. Dieser nahm das großmütig an und sagte zu ihr: »Du hast mir jetzt Ersatz geleistet für die bittere Flüssigkeit, die ich am Kreuz aus dem Schwamm aus Liebe zu dir getrunken habe, weil ich dafür aus deinem Herzen eine unaussprechliche Süßigkeit in mich einsauge; und je reiner die Absicht ist, deinen Leib zu meinem Lobe zu erquicken, desto angenehmer werde ich in deiner Seele erfrischt.«

Als sie die Häutchen und Kerne der Trauben, die sie in ihrer Hand gesammelt hatte, fortwarf, war auch Satan zugegen[5)], der Feind jedes Guten. Er versuchte, das, was sie weggeworfen hatte, aufzusammeln, um zu beweisen, daß die Kranke vor den Metten gegessen und damit gegen die Ordensregel verstoßen hatte. Kaum aber hatte er eines von den Häutchen mit den Fingerspitzen berührt, da wurde er auf der Stelle von unerträglicher Feuersglut gepeinigt. Er stieß schreckliche Laute aus und stürzte eilig aus dem Haus. Dabei achtete er jedoch auf das sorgfältigste darauf, nicht auch noch mit dem Fuße eines der Häutchen zu berühren, die ihm so furchtbare Qualen bereitet hatten.

IV. BUCH

15. Kapitel

Von der Erleichterung einer Beschwerde

Als sie sich am Sonnabend vor dem Sonntag Esto mihi[1] von allen äußeren Dingen abgewandt und sich innerlich gesammelt hatte, wurde sie in den Schoß der göttlichen Güte aufgenommen, wo sie in solcher Ruhe des Geistes das Einströmen der göttlichen Freuden genoß, daß es schien, als ob sie mit dem Herrn über alle Königreiche des Himmels und der Erde verfüge. Als sie so den ganzen Tag in geistlichen Freuden festlich verbracht hatte, wurde sie gegen Abend durch ein Ereignis so sehr niedergedrückt und in Unruhe versetzt, daß ihr daraus für die vorausgehenden Freuden ein Hindernis erwuchs. Obwohl sie sich sehr bemüht hatte, es zu verdrängen, und sie ganz klar erkannte, daß dieser sie niederdrückende Vorfall völlig bedeutungslos war, konnte sie dennoch ihre Gedanken nicht ganz davon lösen und wurde dadurch gewissermaßen um ihre frühere heitere Ruhe gebracht. Nachdem sie fast die ganze Nacht in solcher Anstrengung schlaflos zugebracht hatte, bat sie schließlich den Herrn, das Hindernis von ihrem Herzen zu nehmen, damit sie zum Lob und Ruhm seines Namens dieselben Freuden wie früher genießen könnte. Der Herr entgegnete ihr: »Wenn du mir meine Beschwernis erleichtern willst, dann mußt du eine Beschwernis tragen und zu meiner Linken stehen, damit ich an deiner Brust ausruhe. Denn wenn ich mich nach links wende, liege ich auf meinem Herzen – das ist die beste Lage für Ermüdete – und schaue so direkt auf dein Herz. Ich erfreue mich am Ton der wohlklingenden Sehnsüchte, mit denen du mich ununterbrochen streichelst. Es gefällt mir die wunderbare Schönheit all der Liebeszeichen, die du mir schenkst. Es hilft mir das feste Vertrauen, mit dem du mit jeder Faser deines Herzens nach mir verlangst; und es beglückt mich die Güte deines Herzens, in der du für alle das Gut des ewigen Heils herbeisehnst. Darüber hinaus steht mir die überaus edle Schatzkammer deines Herzens offen, aus der ich allen reichlich von deinem guten Willen austeilen kann, mit dem du allen Bedürftigen Gutes tust. Doch wenn du zu meiner Rechten stündest, also an der Seite des Glücks, dann würde ich offenbar um all diese Freuden gebracht. Denn alles, was sich unter dem Ohr befindet, fällt nicht in die Augen, gelangt nicht in die Nase und kann mit den Händen nur mit Mühe erreicht werden.«

Darauf bat sie den Herrn um ein Geschenk, mit dem sie ihm an jenen drei Tagen, an denen die diesseitig orientierten Menschen so zügellos sündigen[2)], einen besonders angenehmen Dienst erweisen könnte. Ihr antwortete der Herr: »Durch nichts kannst du mir besser dienen, als wenn du in Geduld zum Andenken an mein Leiden alle inneren und äußeren Beschwerden auf dich nimmst und dich zwingst, das zu tun, was dir am meisten widerstrebt; und das kannst du am besten durch das Bewachen und Zügeln der äußeren Sinne erreichen. Denn jeder, der sich in Erinnerung an mein Leiden darin übt, kann mit Sicherheit darauf hoffen, daß ich in meiner Güte ihm das in reichem Maße vergelte.«

Da sagte sie: »Mein liebster Lehrer, bitte, teile mir mit, mit welchen Gebeten ich dich besonders an den drei Tagen versöhnen und besänftigen kann, an denen die irdisch eingestellten Menschen dich zum Zorn reizen.« Der Herr erwiderte: »Nicht ungern würde ich es sehen, wenn jemand dreimal das Vaterunser oder den Psalm ›Lobet den Herrn, alle Völker‹[3)] betet und dabei beim ersten Mal Gott, dem Vater, alle Übungen meines heiligsten Herzens vor Augen stellt, mit denen ich mich auf Erden für das Heil der Menschen durch Lob, Danksagung, Klage, Gebet, Sehnsucht und Liebe eingesetzt habe, um alle irdischen und fleischlichen Genüsse und sündhaften Bestrebungen wiedergutzumachen, in die jetzt ein Mensch verstrickt wird. Beim zweiten Beten soll er Gott, dem Vater, alle Übungen meines völlig unschuldigen Mundes vor Augen stellen, mit denen ich mich durch Enthaltsamkeit, Mäßigkeit im Essen und

Reden, ständigen Lobpreis und ununterbrochenes Gebet für das Heil der Menschen abgemüht habe, um alle Sünden wiedergutzumachen, die in der ganzen Kirche durch unmäßiges Essen und Trinken und zahlreiche schädliche und unnütze Worte begangen wurden. Beim dritten Beten aber soll er meinem himmlischen Vater alle Übungen meines heiligsten Leibes mit allen Bewegungen der einzelnen Glieder vor Augen stellen, dazu meinen vollkommenen Lebenswandel mit der ganzen Bitterkeit meines völlig unschuldigen Leidens und Sterbens, die ich zur Erlösung der Menschen auf mich genommen habe, um so alle Sünden wiedergutzumachen, die die Welt zu dieser Zeit mit den einzelnen Gliedern des Leibes begeht und damit gegen ihr eigenes Heil wütet. Darauf erschien ihr um die Zeit der Terz der Herr Jesus in der Gestalt, wie man ihn an der Säule gegeißelt hatte. Er stand gefesselt zwischen zwei Schergen, von denen ihn der eine mit Dornen, der andere aber mit einer knotigen Geißel zu schlagen schien. Beide aber schlugen ihn ins Gesicht. Dieser Anblick war so bejammernswert, daß ihr Herz dabei zerfloß und sie bis ins Innerste erschüttert und so von Mitleid ergriffen wurde, daß sie den ganzen Tag, sooft ihr dieses Bild vor die Seele trat, die Tränen nicht zurückhalten konnte. Denn nie hatte sie sich vorgestellt, daß auf Erden ein Mensch so elend und beklagenswert aussehen könnte wie der Herr in jener Stunde. Sein Gesicht war von Dornen so zerfleischt, daß sogar der Augapfel innerlich verwundet und von den Schlägen der knotigen Geißel angeschwollen und blutunterlaufen war. Auch schien es, daß er in seiner bitteren Qual sein Gesicht den Schlägen entziehen wollte. Doch während er es dem einen Peiniger entzog, schlug der andere um so heftiger auf ihn ein.

Dann wandte er sich Gertrud zu und sprach: »Hast du nicht gelesen, daß über mich geschrieben steht: ›Wir haben ihn gesehen wie einen Aussätzigen.‹?«[4] Da sagte sie: »Ja, Herr. Doch wie könnten diese bitteren Schmerzen in deinem zarten Antlitz jetzt gelindert werden?« Der Herr entgegnete: »Wenn jemand andächtig mein Leiden betrachten, dabei von Liebe ergriffen und in dieser Gesinnung für die Sünder beten würde, dann würde sein Herz auf mich wie ein sanftes Pflaster wirken und all meine Schmerzen lindern.« Auch erkannte Gertrud, daß durch den einen Peiniger die Laien dargestellt würden, die durch ihr offenkundig sündhaftes Leben den Herrn wie mit Dornen verletzen, der andere hingegen für die Ordensleute stünde, die gegen die Ordensregel verstießen; und je mehr sie das täten, desto knotiger seien dann gleichsam die Geißeln, die den Herrn träfen. Ferner erkannte Gertrud, daß im Evangelium dieses Sonntags das Leiden des Herrn auch deshalb erwähnt wird, damit es von den Auserwählten zur Ehre des Herrn und zur Sühnung für die Kirche besonders andächtig betrachtet wird. Speziell die Geißelung wird zweimal genannt, die ihr an diesem Tage so mitleiderregend gezeigt wurde.[5]

In der Lesung[6] wird die Liebe gerühmt, damit wir uns stärker in der Liebe zu Gott und unseren Mitmenschen üben. Mit Gott sollen wir von ganzem Herzen wegen der unverdienten Schmach Mitleid haben, mit den Mitmenschen aber, weil sie den so strengen Richter gegen sich herausfordern. Um beides zu sühnen, wollen wir vor allem an das Leiden des Herrn denken. Wir wollen dem Herrn innig dafür danken und darum beten, daß er in seinem Erbarmen die verschont, für die er gelitten hat.

Als sie beim Introitus der Messe[7] den Herrn anrief, bezog der Herr diese Worte auf sich – denn wegen seines bevorstehenden Leidens schienen sie mehr auf ihn zuzutreffen – und sprach zu ihr: »Sei du, Geliebte, mir eine Schützerin[8]; und wenn du kannst, dann schütze mich bereitwillig vor allem Unrecht, das mich besonders in dieser Zeit bedrängt. Denn auf der Flucht vor den anderen sehne ich mich nach Ruhe und habe mich unter deinen Schutz gestellt.« Da umschlang sie ihn mit aller Kraft, um ihn in ihrem Innersten aufzunehmen. Und siehe, plötzlich wurde sie den körperlichen Sinnen so sehr entrückt und so innig mit Gott vereinigt, daß sie vergaß, sich mit dem Konvent zu setzen und aufzustehen. Durch den Hinweis einer Mitschwester bemerkte sie, daß sie sich anders als die übrigen verhielt, und bat den Herrn, ihr zu helfen, ihren Körper in der Gewalt zu haben und nicht mehr durch ihr Verhalten aufzufallen. Der Herr erwiderte ihr: »Laß diese deine Neigung, die man Liebe nennt, bei mir, damit sie deine Stelle bei mir einnimmt, und achte du auf die Lenkung deines Körpers.« Da entgegnete sie: »Mein liebster Gott, wenn eine meiner Neigungen meine Stelle bei dir einnehmen kann, dann wünschte ich vor allem, daß der Vernunft die Lenkung des Körpers anvertraut wird, damit ich ganz und völlig ungehindert für dich frei sein kann.«

Darauf erhielt sie zum Geschenk, daß sie stets nur so weit mit Gott vereinigt wurde, daß sie auch nach außen die Gewalt über ihren Körper nicht verlor.

25. Kapitel

Vom Chorgebet am Gründonnerstag

Als an einem Gründonnerstag während der Metten die Klagelieder des Propheten Jeremia gesungen wurden[9], stellte sich Gertrud vor Gott, den Vater, und beklagte vor ihm in der Bitterkeit ihres Herzens im Namen aller alle Sünden, die bis jetzt gegen seine göttliche Allmacht begangen wurden. Beim zweiten Klagelied stellte sie sich vor Gottes Sohn und klagte in ähnlicher Weise über alle Sünden, die aus menschlicher Unwissenheit gegen Gottes unerforschbare Weisheit begangen wurden. Bei der dritten Lamentation aber klagte sie dem Heiligen Geist alle bisher aus Bosheit gegen seine Güte begangenen Sünden. Während nun die Schwestern zu dem Vers »Jesu Christe ...« »Kyrie eleison«[10] sangen, trat sie beim ersten zum lieben Herzen Jesu, küßte es andächtig im Namen der ganzen Kirche und verlangte die Vergebung aller Sünden, die jemals durch schlechte Gedanken, Wünsche, Neigungen und Entschlüsse begangen wurden. Beim »Christe eleison«[11] aber küßte sie den gesegneten Mund des Herrn und bat um Vergebung aller Sünden, die jemals mit dem Munde begangen wurden. Bei dem folgenden »Kyrie eleison« küßte sie die ehrwürdigen Hände des Herrn und erreichte die Vergebung all der Sünden, die von einem Glied der Kirche durch Werke begangen wurden. Danach küßte sie bei den fünf »Kyrie eleison«, die das Volk zum Hymnus »König Christus«[12] sang, bei jedem einzelnen Vers die fünf rosenfarbenen Wunden des Herrn, um die Vergebung all der Sünden zu erlangen, die die Menschen mit ihren fünf Sinnen begangen hatten. Sogleich begannen aus den fünf Wunden fünf kräftige Bäche heilbringender Gnade zu fließen, die die ganze Kirche durchströmten und sie von allen Sündenflecken reinigten. Daran erkannte sie, daß sie all das in vollem Maße erreicht hatte, worum sie bei den Klageliedern und dem »Kyrie eleison« gebetet hatte. Deshalb kann in diesen drei Nokturnen jeder dieselben Übungen in dem Vertrauen verrichten, daß Gott in seiner Güte ihm eine ähnliche Wirkung gewährt, wenn er es andächtig tut.

Als aber bei den Laudes[13)] die Antiphon »Er ist geopfert worden«[14)] gesungen wurde, sprach der Herr zu ihr: »Wenn du glaubst, daß ich am Kreuz Gott, dem Vater, aufgeopfert wurde, weil ich das selbst so gewollt habe, dann glaube ebenso fest daran, daß ich auch jetzt noch täglich für jeden Sünder Gott, dem Vater, mit derselben Liebe dargebracht werden will, mit der ich mich am Kreuz für das Heil der ganzen Welt geopfert habe. Deshalb soll jeder, auch wenn ihn noch so schwere Sündenlast niederdrückt, in der Hoffnung auf Verzeihung aufatmen, wenn er Gott, dem Vater, mein Leiden und meinen Tod aufopfert, die ich erdulden mußte, obwohl ich völlig schuldlos war; und er soll daran glauben, daß er dadurch die heilbringende Frucht der Vergebung erhält. Denn es kann auf Erden kein wirksameres Heilmittel gegen die Sünden geben als die andächtige Erinnerung an mein Leiden in echter Bußgesinnung und rechtem Glauben.«

Bei den Worten des Evangeliums[15)] »Er begann, den Jüngern die Füße zu waschen«[16)] sprach sie zum Herrn: »Mein Herr, ich bin es nicht wert, daß du mich wäschst. Doch bitte ich dich, daß wenigstens einer deiner seligen Apostel, die du, der Herr des Weltalls, gewaschen hast, mich von allen Sündenflekken reinigt, damit ich heute würdig zum Geheimnis deines allerheiligsten Leibes hinzutreten kann.« Der Herr antwortete: »Ich habe heute deine Flecken und die aller anderen abgewaschen und weggewischt, die nach deiner Anleitung mich darum gebeten haben, ihre sieben Neigungen zu reinigen und in rechte Bahnen zu lenken.« Darauf erwiderte sie: »Mein lieber Herr, wenn ich das auch andere gelehrt und mir vorgenommen habe, dasselbe zu tun, so bin ich doch darin nachlässig gewesen und habe mich mit anderen Dingen beschäftigt.« Der Herr entgegnete: »Ich habe deinen guten Willen als Ersatz für dein Werk angenommen. Denn wenn sich jemand mit ganzem Willen vorgenommen hat, ein gutes Werk oder eine Andachtsübung zu verrichten, es aber aus menschlicher Schwachheit oder wegen eines Notfalls unterläßt, dann werde ich in meiner großen Güte den Willen für die Tat nehmen und ihn in reichem Maße belohnen.«

Als sie kommunizieren wollte, sprach sie zum Herrn: »Sieh, Herr, ich zeige dir die Wünsche aller Personen auf, die sich meinen unwürdigen Gebeten empfohlen haben.« Der Herr erwiderte: »Du hast mein gottliches Herz mit so vielen Liebesflammen entzündet, wie es Menschen gibt, für die du dich einsetzt.« Da sagte sie: »Wie könnte ich dann würdig für alle in der Kirche eintreten, um dein Herz mit ebenso vielen Liebesflammen zu entzünden, wie es Menschen in der Kirche gibt?« Der Herr antwortete: »Wenn du das tun willst, dann kannst du es mit folgenden vier Dingen: Erstens lobe mich für die Erschaffung aller, die ich nach meinem Bild und Gleichnis[17] geschaffen habe. Zweitens danke mir für alle Wohltaten, die ich ihnen erwiesen habe und noch erweisen werde. Drittens klage über alles, womit sie sich meiner Gnade widersetzt haben. Viertens bete für alle, damit sie nach meiner göttlichen Anordnung in allem Guten zu meinem Lob und Ruhm vollendet werden.«

Als sie an einem anderen Gründonnerstag sich ganz in sich gesammelt hatte, um allein auf Gott zu achten und für ihn frei zu sein, zeigte sich ihr wiederum der Herr, und zwar in derselben Gestalt und Weise wie auf Erden am Tage vor seinem Tod. Er schien nämlich den ganzen Tag in höchster Todesangst zuzubringen, weil er, die ewige Weisheit Gottes, des Vaters[18], alles, was über ihn kommen und was er erdulden sollte, so deutlich vor sich sah, als ob es schon geschehen wäre. Und weil er der zartfühlendste Sohn der zarten Jungfrau war, zeigte er mit Zittern und Zagen in den einzelnen Stunden so beklagenswerte und vielfältige Schauer und Züge des Todes, als ob er in jedem Augenblick seine Bitterkeit empfände. Als sie das bei sich bedachte, wurde sie von unsagbarem Mitleid erfüllt; und hätte sie die Kräfte von tausend Herzen besessen, dann hätte sie sie alle aus Mitleid mit ihrem so liebenswerten und überaus guten Freund aufgebraucht. Deshalb fühlte sie einige sehr heftige Schläge ihres Herzens durch die Sehnsucht, Liebe und Todesangst, die abwechselnd in jenes liebespendende und von jedem Glück erfüllte Herz eindrangen, und zerging durch ihre übergroße Gewalt in sich selbst fast ganz.

Da sagte der Herr zu ihr: »Mit derselben Liebe, mit der ich während meines sterblichen Lebens jede Angst, Bedrängnis und Bitterkeit des Leidens und

Sterbens für die Rettung der Menschen an meinem Leibe erduldete, habe ich heute – obwohl ich bereits unsterblich geworden bin – in deinem Herzen gelitten, das so oft von tiefem Mitleid mit meinen Ängsten und Nöten bis ins Mark bewegt und durchdrungen wurde zum wahren Heil aller Auserwählten. Deshalb schenke ich dir auch für dein Mitleid an diesem Tag alle Früchte meines verehrenswerten Leidens und kostbaren Todes, um deine ewige Seligkeit zu vermehren; und für dein Herz, das mit mir so sehr mitgelitten hat, füge ich diese Ehrung hinzu: Überall, wo das Kreuzesholz verehrt wird, an dem ich hingerichtet wurde, soll zugleich mit ihm deine Seele die Frucht für das tiefe Mitleid empfangen, das sie mir an diesem Tage erwiesen hat. Außerdem gewähre ich dir, daß nie eine Angelegenheit, für die du betest, mein Mißfallen erregen, sondern ein gutes Ende finden wird.« Der Herr fügte hinzu: »Sooft du für etwas bitten willst, halte mir mein Herz vor, das ich dir zum Zeichen der gegenseitigen Vertraulichkeit schon öfter geschenkt habe, in Vereinigung mit der Liebe, mit der ich es als menschliches Herz für die Rettung der Menschen angenommen und dir als Ausdruck der besonderen Freundschaft gegeben habe, um so denen Gutes zu tun, für die du bittest: so, wie man einem Reichen die Geldkiste reicht, damit er daraus nimmt, wenn er seinen Freunden Gutes erweisen will.« Darauf fragte sie den Herrn: »Mit welchem Namen hast du den Vater angerufen, als du in Todesangst betetest?« Der Herr erwiderte: »Ich habe ihn öfter mit diesem Namen angerufen: Du Unversehrtheit meines Wesens!«

Während der Messe, noch vor dem Kommuniongang des Konvents, erschien ihr beim Stillgebet[19] der

Herr Jesus, nicht sitzend, sondern wie in den letzten Zügen liegend, und war so völlig entkräftet, daß sie bei seiner Betrachtung bis ins Innerste, fast bis zur Auflösung des Geistes ergriffen wurde. Als er so in höchster Not bis zu der Stunde dalag, wo der Konvent kommunizieren wollte, sah sie in einer wunderbaren Vision, daß der Priester ihn, der viel größer war als er, erhob und trug, ihn, von dem nicht nur er getragen wurde, sondern der auch das All durch sein machtvolles Wort trägt[20]. Da wurde ihre Seele von tiefem Mitgefühl erfaßt, und sie erkannte, daß die vorher am Sohn des allmächtigen Gottes gezeigte Schwäche die übermäßige Kraft der Liebe ausdrückte, durch die er, unser liebenswerter kleiner Benjamin[21], fast den Verstand verlor in seiner großen Erwartung und Sehnsucht, mit den von ihm so geliebten Seelen in der Kommunion vereinigt zu werden. Deshalb wird er auch von den Händen des Priesters getragen wie jemand, der leblos ist und seine eigenen Kräfte überhaupt nicht gebrauchen kann. Ein andermal erkannte sie: Stets wenn ein Mensch mit Sehnsucht und Andacht die Hostie anschaut, in der der Leib Christi im Sakrament verborgen ist, vermehrt er dadurch sein Verdienst im Himmel, weil ihm in der Ewigkeit bei der künftigen Schau Gottes besondere Freuden in dem Maße zuteil werden, mit dem er auf Erden mit Andacht und Sehnsucht den Leib Christi angeschaut hat oder anschauen wollte, wenn er nicht daran gehindert würde.

26. Kapitel

Vom heiligen Karfreitag

Obwohl aus den bisherigen Darlegungen deutlich hervorgeht, daß sich Gertrud an den Fest- und Werktagen stets eifrig und andächtig mit dem Herrn beschäftigte, glaube ich nicht verschweigen zu dürfen, daß sie sich mit größter Hingabe in glühender Liebe ununterbrochen mit dem beseligenden Leiden Christi befaßte und es immer wieder von neuem betrachtete. Es war ihr wie Honig im Mund, Gesang im Ohr und Jubel im Herzen. Denn als sie beim Nahen des heiligen Karfreitags den Ton der Klapper hörte, die zur Komplet rief, war sie in ihrem Innersten so bewegt, als ob sie den Todeskampf ihres einzigen, treuesten und liebsten Freundes im voraus empfände und zu seinem Ende voll Verlangen hineilte. Deshalb zog sie sich ganz in ihr Innerstes zurück, um das Leiden des Herrn zu betrachten und dem Geliebten seine treue Liebe und sein Leiden für sie durch liebevolles Mitleiden zu vergelten. So war an diesem Tag und am folgenden heiligen Karsamstag ihre Seele so fest mit der ihres Geliebten vereinigt, daß es ihr sehr schwierig schien, sich mit ihren leiblichen Sinnen etwas anderem zuzuwenden. Ausgenommen waren nur die Werke der Nächstenliebe, die sie ohne Zögern überall dort verrichtete, wo sich ihr die Gelegenheit bot. Dadurch drückte sie deutlich aus, daß sie in der Herberge ihres Herzens tatsächlich den fest umschlungen hielt, über den Johannes sagt: Gott ist die Liebe ...«[22] »Wenn wir einander lieben, bleibt Gott in uns, und seine Liebe ist in uns vollendet.«[23]

Den größten Teil dieses hochheiligen Tages und auch des folgenden Samstags brachte sie gleichsam ohne menschliche Empfindung zu und war darüber hinaus oft so sehr allen irdischen Dingen entrissen, daß sie durch keinerlei dem menschlichen Vorstellungsvermögen entsprechende Bilder ausdrücken konnte, was in ihr durch die innige und untrennbare Freundschaft mit dem Geliebten bewirkt worden war. Daß das aber kein Zeichen von Unvollkommenheit, sondern von höchster Vollkommenheit ist, bezeugt Bernhard, wenn er zu den Worten des Hohenliedes »Wir werden dir goldene Halskettchen machen«[24)] sagt: »Wenn dem in Verzückung versetzten Geist wie mit der aufblitzenden Schnelligkeit des Lichtes plötzlich von Gott eine Erleuchtung zuteil wird, so sind damit im allgemeinen zur Milderung des übergroßen Glanzes oder zum Zwecke der Belehrung gewisse bildliche Vorstellungen der unteren Dinge verbunden, die den von Gott eingegossenen Erkenntnissen entsprechen. Dadurch wird jener reinste und leuchtendste Strahl der Wahrheit gewissermaßen umschattet, der Seele selbst erträglicher und für die faßbarer, denen sie davon Mitteilung machen will. Doch meine ich, daß diese Bilder in uns durch die Engel hervorgerufen werden, deren Dienst das ist. Denken wir deshalb daran, daß Gott das zukommt, was ganz rein und ohne jede Vorstellung körperlicher Bilder ist, und daß jedes Gleichnis, wodurch das würdig umkleidet erscheint, vom Dienst der Engel herrührt.«[25)] Also darf man das nicht für weniger wert halten, was Gott durch sich selbst der Seele eingießt und zwischen ihr und sich allein gleichsam unter dem Siegel der vertrauteren Freundschaft rein und ohne jede Vorstellung körperlicher

Bilder bewahrt. Denn aus einem ähnlichen Grund wurden öfter zahlreiche Dinge mit Schweigen bedeckt, über die man eigentlich in großem Stil berichten müßte.

Damit aber dieser hohe Festtag zum geistlichen Wachstum derer beiträgt, die sich an diesen Aufzeichnungen erwärmen möchten, will ich wenigstens über einige Fünklein sprechen, die aus jenem Ofen hervorbrachen, der durch die Erinnerung an das Leiden Christi ganz in Flammen stand.

Als sie an einem Karfreitag bei der Prim Gott andächtig und innig dafür dankte, daß er von einem Heiden verurteilt werden wollte[26)], sah sie den Sohn Gottes selbst. Er war von tiefer Freude erfüllt und saß neben Gott Vater auf dem Königsthron; und für alle Beschimpfungen und Lästerungen, die er zu unserer Erlösung erduldet hatte, beglückte ihn der Vater mit seiner wunderbaren Liebe. Die Heiligen aber beugten ihre Knie vor Gottes Sohn und erwiesen ihm in größter Dankbarkeit Ehrfurcht dafür, daß er sie durch seine Verurteilung vor der ewigen Verdammung befreit hatte.

Als nun bei der Leidensgeschichte »Mich dürstet«[27)] gelesen wurde, schien ihr der Herr einen goldenen Becher zu reichen, um die Tränen der Andacht aufzunehmen. Als sie jedoch spürte, daß ihr Herz wie zerschmolzen war und sie Tränen in Strömen hätte vergießen können, hielt sie sich trotzdem zurück, teils aus Selbstbeherrschung, teils um ihre Andacht nicht nach außen zu zeigen. Sie fragte deshalb den Herrn, wie er das aufnehme. Darauf schien ein kristallklares Bächlein aus der Tiefe ihres Herzens in den Mund des Herrn zu fließen, der ihr antwortete: »So nehme ich die Tränen der Andacht in mich auf, die aus so reiner Gesinnung um meinetwillen zurückgehalten werden.« Während der Terz dachte sie daran, daß der Herr nach der Krönung mit Dornen und der schrecklichen Geißelung an der Säule das Kreuz auf seinen müden und blutigen Schultern getragen hatte. Zutiefst bewegt sagte sie zum Herrn: »Sieh, mein liebster Herr, als Antwort auf deine Liebe gebe ich dir für die so unverdiente Bitterkeit deines Leidens, das du völlig unschuldig erduldet hast, mein Herz hin. Ich möchte die ganze Bitterkeit und alle Schmerzen deines liebenswerten Herzens und makellosen Leibes von dieser Stunde an bis zu meinem letzten Atemzug ertragen und bitte dich: Sollte ich einmal aus menschlicher Schwäche nicht daran denken, dann laß mich einen solchen körperlichen Schmerz in meinem Herzen fühlen, daß er deines bitteren Leidens würdig ist.« Der Herr erwiderte: »Dieser Wille und diese Herzenstreue genügen mir. Damit ich aber eine vollkommene Freude in deinem Herzen empfinden kann, gib mir die Freiheit, in ihm zu tun oder zurückzuhalten, was ich will; und laß mich entscheiden, ob ich ihm Süßigkeit oder Bitterkeit eingieße.«

Als dann aber bei der Leidensgeschichte gelesen wurde, daß Joseph den Leichnam Jesu abnahm[28)], sprach sie zum Herrn: »Dem glücklichen Joseph, Herr, wurde dein heiligster Leib gegeben. Was aber wird mir, der Unwürdigen, von deinem Leib gegeben werden?« Da reichte ihr der Herr sofort sein liebenswertes Herz in Gestalt eines goldenen Weihrauchfasses, von dem ebenso viele Rauchwolken aus wohlriechenden Gewürzen zu Gott, dem Vater, aufstiegen, wie es Menschengeschlechter gibt, für die der Herr den Tod erlitten hat. Als dann entsprechend dem Ritus der Kirche nach der Passion die Gebete für die einzelnen Stände der Kirche verrichtet wurden und der Priester dabei die Knie beugte und die Worte sprach: »Lasset uns beten, Geliebte ...«, da schien es, als ob die Gebete der ganzen Kirche, vermischt mit jenem Weihrauchduft aus dem Rauchfaß des göttlichen Herzens, in die Höhe stiegen. Durch diese Vereinigung nahmen die Gebete der Kirche einen wunderbaren Glanz und den angenehmsten Wohlgeruch an. Deshalb soll sich jeder darum bemühen, an diesem Tage andächtiger als sonst für die Kirche zu beten. Denn an ihm pflegt das Leiden Christi unsere Gebete besonders wirksam beim Vater zu unterstützen.

Als sie an einem anderen heiligen Karfreitag an das Leiden des Herrn dachte, wurde sie davon zutiefst ergriffen und wollte dem Geliebten seine Liebe aus ganzem Herzen vergelten. So sprach sie zum Herrn: »Lehre mich, du einzige Hoffnung und Heil meiner Seele, wie ich dir dein so bitteres und für mich so heilsames Leiden wenigstens einigermaßen wiedergutmachen kann.« Der Herr entgegnete: »Wenn jemand nicht seinem eigenen Willen, sondern dem eines anderen folgt, dann vergilt er mir die Gefangenschaft, wo ich um die Morgenstunde ergriffen und gefesselt wurde und viele Ungerechtigkeiten für das menschliche Heil erdulden mußte. Wer sich aber in Demut schuldig bekennt, der vergilt mir das Gericht, wo ich in der ersten Stunde[29] von vielen falschen Zeugen angeklagt und zum Tode verurteilt wurde. Wer seine Sinne nicht auf weltliche Vergnügungen richtet, vergilt mir die Geißelhiebe, die ich in der dritten Stunde unter Qualen aushalten mußte; und wer sich harten Vorgesetzten unterwirft, der erleichtert mir die Dornenkrone. Wer aber verletzt wurde und trotzdem demütig den ersten Schritt zum Frieden tut, der trägt an meiner Stelle die Last des Kreuzes. Wenn jemand, selbst über seine Kräfte, Werke der Nächstenliebe tut, dann vergilt er mir die Schmerzen, die ich in der sechsten Stunde erlitt, als man meine Glieder ausdehnte und mich ans Kreuz heftete. Wer auch vor Schande oder Not nicht zurückschreckt, um einen Mitmenschen von einer Schuld abzuhalten, der vergilt mir meinen Tod, den ich in der neunten Stunde für das menschliche Heil erduldet habe. Wer auf eine Beschimpfung demütig antwortet, der nimmt mich gleichsam vom Kreuz ab. Wer aber seinen Nächsten sich selbst vorzieht und ihn einer größeren Ehre, eines Vorteils oder eines anderen Gutes für würdiger hält, der vergilt mir mein Begräbnis.«

Als sie an einem anderen Karfreitag kommunizieren wollte und den Herrn darum bat, sie würdig vorzubereiten, erhielt sie diese Antwort: »Mit so großer Sehnsucht eile ich zu dir, daß ich kaum noch warten kann. Denn ich habe in meinem Schoße alles gesammelt, was heute in der ganzen Kirche zur Erinnerung an mein Leiden in Gedanken, Worten und Werken vollbracht wurde, um es dir im Sakrament meines Leibes zu deinem ewigen Heil zu schenken.« Dazu sagte sie: »Ich danke dir, mein Herr. Doch hätte ich den Wunsch, dieses Geschenk auch an viele andere weitergeben zu können, wenn ich das möchte.« Lächelnd erwiderte der Herr: »Was gibst du mir denn, Geliebte, wenn ich dich so freigebig beschenken soll?« Da sprach sie: »Ach, Geliebter, nichts habe ich, was in deinen Augen wertvoll ist. Doch wenn ich all das besitzen würde, was dir gehört, dann hätte ich den festen Willen, allem zu entsagen und dich so freigebig mit allem zu beschenken, daß du es an andere weitergeben könntest, wenn du den Wunsch dazu hättest.« Der Herr entgegnete: »Wenn du das in deinem Herzen empfindest, dann darfst du völlig sicher sein, daß ich in gleicher Weise an dir handeln will, und das um so viel mehr, wie meine Güte und Liebe die deine übertrifft.« Sie erwiderte: »Wie kann ich dir würdig begegnen, wenn du so freigebig zu mir kommst?« Der Herr antwortete: »Ich verlange von dir nur, leer und aufnahmebereit zu kommen. Denn alles, was mir an dir gefallen soll, wirst du durch mein Geschenk erhalten.« Aus diesen Worten erkannte sie, daß mit jener Leere die Demut gemeint war, in der sie glaubte, selbst keinerlei Verdienste zu besitzen und nur durch die unverdiente Gnade Gottes etwas tun zu können, und daß sie außerdem alles, was sie tun könnte, für wertlos halten sollte.

27. Kapitel

Von der Auferstehung des Herrn

Als Gertrud in der glorreichen Nacht der erhabenen Auferstehung des Herrn vor den Metten andächtig ins Gebet vertieft war, erschien ihr der Herr Jesus strahlend schön in der Herrlichkeit der göttlichen Majestät und im Glanz der Unsterblichkeit. Da fiel sie demütig zu seinen Füßen nieder, betete ihn an und sprach: »Du, mein wunderschöner Bräutigam, du Stolz und Schmuck der Engel, hast mich, das unbedeutendste deiner Geschöpfe, zur Braut auserwählt. Da ich nun in der Tiefe meines Herzens und aus ganzer Seele einzig und allein nach deinem Lob und Ruhm trachte und dürste und deine Freunde für meine nächsten Verwandten halte, bitte ich dich, Liebster: Erlöse in dieser Stunde wegen der Ehrfurcht vor deiner herrlichen Auferstehung die Seelen all der Deinen. Ich opfere dir dazu in Vereinigung mit deinem völlig unverdienten Leiden alle seelischen Nöte und körperlichen Schmerzen auf, die ich während meiner ständigen Krankheiten erduldet habe.«

Da zeigte ihr der Herr liebevoll zahlreiche Seelen, die von den Strafen erlöst waren, und sagte: »Schau, sie alle sind die Brautgabe für deine Liebe. Denn ewig wird im Himmel bekannt sein, daß sie durch dein Gebet befreit wurden; und das wird dir stets bei all meinen Heiligen zur Ehre gereichen.« Auf ihre Frage: »Wie groß ist denn ihre Zahl?« erwiderte der Herr: »Nur meine Gottheit weiß sie.« Als sie aber erkannte, daß diese Seelen zwar von den Strafen befreit, aber noch nicht im Besitz der ewigen Freuden waren, bot sie sich ganz der göttlichen Güte an, um in ihrem Herzen und an ihrem Leib alles zu ertragen, was dieser gefiele, und so für jene Seelen die volle Seligkeit zu erreichen. Dadurch versöhnt schenkte der Herr ihnen allen in derselben Stunde die Freuden des Himmels. Als Gertrud eine Weile später heftige Seitenschmerzen spürte und vor einem Kreuz die Knie beugte, gab der Herr ihr Leiden und ihren Schmerz den genannten Seelen, um ihre Freuden zu vergrößern, und sagte: »Dieses Geschenk der Andacht, das mir meine Braut in so großer Liebe dargebracht hat, gebe ich euch zur Vermehrung der ewigen Seligkeit. Deshalb bemüht euch, sie in würdiger Weise zu ehren, indem ihr die Geschenke eurer Gebete an sie zurückgebt.«

Später bot sie sich, von Liebesglut getrieben, dem Herrn wiederum an und sprach: »Sieh, mein liebster Freund, ganz unwürdig stehe ich in Liebe vor dir, dem König der Könige und meinem Herrn[30], und gebe mich dir mit meinem ganzen Wesen, mit Leib und Seele, hin, um dir zur Verherrlichung deiner ruhmvollen Auferstehung zu dienen, solange ich lebe.« Der Herr antwortete: »Und ich werde dieses Geschenk deines guten Willens wie das Königszepter meiner königlichen Hoheit benutzen; und vor der heiligen Dreifaltigkeit und allen Heiligen werde ich immer zu deinem Ruhm hervorheben, daß du, Geliebte, es mir geschenkt hast.« Dazu sagte Gertrud: »Zwar habe ich, mein Herr, durch deine Gnade diesen Vorsatz gefaßt und seine Erfüllung fest versprochen; doch fürchte ich, daß ich aus menschlicher Unbeständigkeit ihn schon bald vergesse.« Da erwiderte der Herr: »Was macht das aus, wenn ich dieses mir einmal gegebene Zepter niemals aus der Hand lege, sondern es ständig als Zeichen und Andenken deiner Liebe zu mir aufbewahre? Und sooft du mir diesen Vorsatz erneuerst, wird dieses Zepter in meiner Hand die prächtigsten Blüten tragen und mit kostbaren Edelsteinen geschmückt sein.«

Als sie aber bei dieser Andachtsübung alle inneren und äußeren Kräfte und Sinne anspannte und sich auf das Singen der Metten zur Ehre der Auferstehung des Herrn vorbereitete, sprach sie zum Herrn, während das Alleluia des Invitatoriums[31] begonnen wurde: »Zeige mir, gütigster Lehrer, wie ich dich andächtig durch das *Alleluia* loben kann, das an diesem

Fest so oft erklingt.« Der Herr erwiderte: »Am besten kannst du mich durch das *Alleluia* in Vereinigung mit dem Lob der Himmelsbürger preisen, die mich damit ununterbrochen im Himmel rühmen. Merke dir«, fügte der Herr hinzu, »daß in dem Wort *Alleluia* alle Vokale vorkommen, mit Ausnahme des O, das den Schmerz bezeichnet, und daß dafür der erste Buchstabe, das A, verdoppelt ist. Deshalb preise mich bei A in Vereinigung mit dem höchsten Lob, das alle Heiligen voll Jubel über das beglückende Einströmen Gottes in meine verklärte menschliche Natur anstimmen, die nun durch die Herrlichkeit der Unsterblichkeit erhöht ist, für die vielfältigen Qualen und den Tod, die ich wegen des menschlichen Heils erduldet habe. Bei E lobe meine tiefe Freude über die herrliche Blütenpracht, die meine menschlichen Augen auf den blühenden Weiden der erhabenen und unteilbaren Dreifaltigkeit beglückt. Bei U rühme die große Freude, die die Ohren meiner verklärten menschlichen Natur beim herrlich klingenden Lob der stets verehrungswürdigen Dreifaltigkeit und den nie aufhörenden Lobgesängen aller Engel und Heiligen empfinden. Bei I preise den wunderbaren Duft, der durch den beglückenden Hauch der heiligen Dreifaltigkeit die Nase meines nun unsterblichen menschlichen Leibes auf das angenehmste erfrischt. Bei A, das für das O angefügt ist, lobe das großartige, unfaßbare und unschätzbare Einströmen der ganzen Gottheit in meine verklärte menschliche Natur, die schon unsterblich und leidensunfähig geworden ist und der anstelle der körperlichen Berührung die doppelte Freude des göttlichen Einströmens zuteil wird.«

Als sie danach mit dem Singen der Metten fortfuhr, gewann sie aus den einzelnen Psalmen, Wechselgesängen und Lesungen die beglückendsten Einsichten, die mit geistlichen Freuden verbunden waren und zur erhabenen Feier der Auferstehung und der wechselseitigen Liebe und dem Genuß der geistlichen Vereinigung Gottes mit der Seele genauestens paßten, was einem andächtigen Leser große Freude bereiten könnte. Doch möchte ich mich kurz fassen und dies alles und noch vieles andere übergehen, damit nicht meine Weitschweifigkeit Unwillen erregt. Ich vertraue es der göttlichen Freigebigkeit an, von der diese und alle Wohltaten ausgegangen sind, die seiner Auserwählten in reichem Maße erwiesen wurden.

35. Kapitel

Von der Vorbereitung auf das Fest der Himmelfahrt

Einst wiederholte sie vor dem Hochfest der Himmelfahrt des Herrn zur Begrüßung der heilbringenden Wunden des Leibes Jesu immer wieder den Lobspruch: »Ehre gebührt dir, du liebste, süßeste, gütigste, edelste, königliche, erhabenste, strahlende und immer ruhig thronende Dreifaltigkeit, für die rosenfarbenen Wunden meines einzig auserwählten liebsten Freundes.« Da erschien ihr der Herr Jesus. Sein Antlitz war schöner als das der Engel[32], und Blumen lagen auf jeder seiner Wunden, die in goldenem Glanz strahlten. Er grüßte sie heiter und freundlich wieder und sagte unter anderem: »Siehe, in dieser leuchtenden Gestalt und Herrlichkeit, in der ich mich dir jetzt zeige, werde ich dir auch in deiner Todesstunde strahlend heiter erscheinen; und mit demselben Schmuck, den jetzt meine Wunden auf Grund deiner Gebetswünsche tragen, will ich alle Flecken deiner Sünden und Nachlässigkeiten ausstatten und sie so zudecken. Dasselbe werde ich auch bei allen anderen tun, die mit gleichem Eifer und gleicher Andacht meine Wunden im Gebet begrüßen.«

Am Sonntag vor Himmelfahrt stand sie eilig zum Gebet der Metten auf, um danach mehr Zeit für die Betrachtung zu haben und mit dem Herrn freier und zärtlicher zusammensein zu können. Denn sie hätte ihn an den folgenden vier Tagen gern als Gast in ihrem Herzen gesehen. Sie hatte die Metten bereits bis zur fünften Lesung beendet, als sie eine andere Kranke sah, die niemanden hatte, um ihr die Metten vorzubeten. Von tiefer Liebe ergriffen, fühlte sie Mitleid mit ihr[33] und sagte zum Herrn: »Dir ist bekannt, wie ich mich über meine Kräfte abgemüht habe, diese Metten allein zu beten. Doch obwohl ich dich, den Herrn der Liebe, an diesen Tagen als Gast beherbergen möchte, habe ich mich während der Woche zu wenig durch Gebetseifer und Tugendübungen darauf vorbereitet, dir eine würdige Wohnung anzubieten. Deshalb will ich zu deinem ewigen Lobe und zum Ersatz für alles, was ich für dich, meinen liebevollsten Gast, hätte vorbereiten müssen, bei der Liebe, die du selber bist[34], diese Metten noch einmal beten.« Als sie nun von neuem begann, machte der Herr die Worte wahr: »Ich war krank, und ihr habt mich besucht.«[35] und »Was ihr für einen meiner geringsten Brüder getan habt, das habt ihr mir getan.«[36]

Denn er war zu ihr so gütig, freundlich und gnädig, daß man das weder mit Worten beschreiben noch mit menschlichen Sinnen erfassen kann.

Doch möchte ich trotzdem ein wenig von dem vielen berichten. Ihr schien nämlich, daß der Herr Jesus in erhabener Herrlichkeit an einem prächtig gedeckten Tisch saß und an alle Bewohner des Himmels, der Erde und des Reinigungsortes nicht nur von den einzelnen Worten, sondern sogar von den einzelnen Buchstaben, die sie beim Beten der Metten aussprach, unaussprechliche, unschätzbare Geschenke an Gnaden, Freuden und ewigen Belohnungen austeilte. Auch sprang aus den Worten der einzelnen Psalmen, Lesungen und Wechselgesänge das unbeschreibliche Licht der göttlichen Erkenntnis auf sie über, und es drang die Freude geistlicher Einsichten tief und wirksam in ihre Seele ein. Doch trotz des tiefen Glücks, das sie in ihrem Innersten empfand, konnte sie davon wegen der Überfülle nur weniges im Gedächtnis behalten und anderen erzählen. Als sie nämlich bei dem Psalm »Zu dir rufe ich, Herr«[37] im Vers »Hilf deinem Volk und segne dein Erbe«[38] den Herrn darum bat, seinen reichen Gnadensegen über die ganze Kirche auszuschütten, antwortete er: »Was soll ich tun, Geliebte, was ist dein Wunsch? Denn ich habe mich in meiner Huld ebenso sehr in deine Gewalt gegeben, wie ich mich am Marterholz des Kreuzes ganz dem Befehl meines Vaters unterworfen habe; und wie ich damals gegen seinen Willen nicht hätte vom Kreuz herabsteigen können, so kann ich auch jetzt nur das wollen, was deine Liebe verlangt. So teile also alles, was du möchtest, durch die Kraft meiner Gottheit an jeden reichlich aus.«

Diese und ähnliche Freuden wurden ihr während

der Metten durch die liebevolle göttliche Zuwendung zuteil. Als sie sich schließlich danach aufs Bett gelegt hatte, um auszuruhen, sagte der Herr ganz zärtlich und freundlich zu ihr: »Wer durch die Werke der Liebe ermüdet, wird sich mit Recht auf dem weichen Lager der Liebe erquicken.« Nach diesen Worten umarmte er sie und lehnte sie über seine Brust wie auf die sanfteste Ruhestätte. Dann erblühte gleichsam aus der Mitte des göttlichen Herzens der Baum der Liebe. Er war von herrlicher Gestalt und mit Ästen und Früchten reich geschmückt. Seine Blätter glichen strahlenden Sternen. Er breitete seine Äste nach unten aus und umgab damit ihren Ruheplatz von allen Seiten. Er erfreute ihre Seele durch den Duft und Wohlgeschmack seiner Zweige und Früchte und kräftigte sie so. Auch schien aus der Wurzel dieses Baumes ein Strahl reinsten Wassers hervorzubrechen. Er sprang in die Höhe, strebte dort sogleich wieder seinem Ursprung zu und belebte ihre Seele mit wunderbarer Süßigkeit. Sie erkannte, daß dieser Strahl die erhabenste Gottheit darstellt, deren ganze Fülle in der Menschheit Jesu Christi wohnt[39] und den Seelen der Auserwählten unvorstellbare Freude schenkt.

Als sie dann während der Messe kommunizieren wollte, legte sie dem Herrn wie ein Freund seinem Freund all ihre Schwächen dar und bat ihn darum, am Tage seiner freudenreichen Himmelfahrt für sie bei Gott Vater die Vergebung all ihrer Fehler und Nachlässigkeiten zu erreichen. Zärtlich gab ihr der Herr zur Antwort: »Du bist die liebenswerte Ester, die mir in ihrer unglaublichen Schönheit gefällt. Bitte also, worum du willst, und du sollst es erhalten.«[40] Da begann sie für die zu beten, die sich ihr empfohlen hatten, und für alle, die ihr Wohltaten erwiesen. Der Herr nun neigte sich ihr freundlich zu, breitete gleichsam den Saum seines Gewandes über sie[41] und drückte heimlich einen Kuß auf ihre Stirn. Zugleich aber erkannte sie, daß sie am Tage davor sich dadurch einen Sündenflecken zugezogen hatte, daß sie aus menschlicher Schwäche von jemandem eine Wohltat angenommen hatte.

Darauf sagte sie zum Herrn: »Warum läßt du zu, daß mich jemand so achtet und verehrt, obwohl du, der Herr aller, auf Erden der Unbedeutendste unter den Menschen sein wolltest und es besonders schätzt, wenn deine Auserwählten in dieser Welt verächtlich und geringschätzig behandelt werden, weil sie dir um so mehr in der Herrlichkeit gleichen, je mehr sie auf Erden verachtet werden?« Der Herr entgegnete: »Ich habe durch den Propheten gesprochen: ›Jauchzt vor Gott, alle Länder der Erde!‹ und ebenfalls: ›Spielt zum Ruhm seines Namens!‹[42] Wenn das nun einige im Geist deutlicher spüren, sich dir zuwenden und dich freundlicher ansehen, dann heilige ich sie dadurch, befähige sie für meine Gnade und mache sie mir auch angenehmer.« Gertrud erwiderte: »Herr, was wird dann mit mir, wenn du sie dadurch heiligst, daß ich mir einen Fehler zuziehe?« Der Herr antwortete: »Ich habe meine Freude daran, deinen goldenen Schmuck, nämlich die Gnade, die ich in dich gelegt habe, mit dunkler und hell glänzender Farbe noch zu verzieren.« Sie erkannte so, daß das Wort »dunkel« diese Bedeutung besitzt: Wenn sich jemand daran erinnert, daß er auf ihm erwiesene Wohltaten in allzu menschlicher Weise reagiert hat, darüber Schmerz empfindet und demütig wird, dann gefällt er durch diese Demut Gott um so mehr, wie die schwarze Farbe das Gold deutlicher hervortreten läßt. An den Worten »und mit hell glänzender Farbe« aber erkannte sie, daß die Dankbarkeit, mit der jemand ihm von Gott und den Menschen um Gottes willen erwiesene Wohltaten annimmt, seine Seele um so fähiger macht, alle Geschenke Gottes zu empfangen und zu bewahren.

Am Montag strebte sie ebenso andächtig wie am Sonntag danach, dem Herrn die Mangelhaftigkeit aller Sünder aufzuzeigen, und ging vor den Metten wiederum zu der bereits erwähnten Kranken. Sie leistete ihr denselben über ihre Kräfte gehenden Dienst und bot das dem Herrn zu seinem ewigen Lob als Wiedergutmachung für alle Sünden an, die in der ganzen Welt gegen seinen göttlichen Willen geschahen. Dabei schien es ihr, als ob sie unendlich viele Menschen beiderlei Geschlechts mit einem goldenen Strick – als Sinnbild der Liebe – umgürte und zum Herrn führe. Der barmherzige und gütige Herr aber nahm das von ihr sehr froh und gnädig an, so wie es ein König von seinem geliebten Feldherrn annehmen würde, wenn er all seine Feinde gefangen herbeibrächte, um mit ihnen Frieden zu schließen und ihm danach nach seinem Willen zu dienen.

Als sie auch am Dienstag während der Messe in ähnlicher Weise dem Herrn die Mangelhaftigkeit und Unvollkommenheit aller Gerechten vor Augen stellte und ihn darum bat, sie nach seinen Vorstellungen zu vollkommener Heiligkeit zu führen, streckte der Herr seine Hände aus und segnete sie alle in gleicher Weise mit dem Zeichen des siegreichen Kreuzes. Durch diese heilbringende Segnung wurden die Herzen aller Gerechten mit dem süßesten Tau benetzt, so daß sie alle aufzublühen schienen, so wie Rosen und Blumen bei Sonnenschein sich öffnen.

Am Mittwoch bat sie den Herrn beim Emporheben der Hostie wiederum in derselben Weise, das Elend aller verstorbenen Gläubigen durch die Freude seiner glorreichen Himmelfahrt zu lindern. Da schien der Herr von oben eine goldene Rute mitten in den Reinigungsort hineinzuhalten, die so viele Haken hatte, wie fromme Wünsche für die Seelen an Gott gerichtet wurden; und durch jeden Haken wurden einige Seelen von der Stätte der Qualen zu den lieblichen Wiesen der Ruhe emporgezogen. Daran erkannte sie, daß bei jedem gemeinschaftlich in Liebe für die Seelen verrichteten Gebet der größte Teil von denen befreit wird, die sich während ihres Lebens mehr in den Werken der Nächstenliebe geübt haben.

36. Kapitel

Vom Hochfest der Himmelfahrt des Herrn

Am Hochfest der glorreichen Himmelfahrt aber war Gertrud schon in aller Frühe darauf bedacht, ihre Aufmerksamkeit darauf zu richten, dem Herrn zur Stunde seiner Himmelfahrt, also etwa um 15.00 Uhr, die zärtlichste Liebe entgegenzubringen. Er aber unterbrach sie und sagte: »Alles Liebe, was du mir in der Stunde meines erhabenen Emporsteigens erweisen willst, gewähre mir schon jetzt. Denn die beglükkenden Freuden meiner Himmelfahrt werden für mich dadurch erneuert, daß ich durch das lebenspendende Altarssakrament zu dir kommen werde.« Da sprach sie: »So lehre mich, mein einzig geliebter Freund, wie ich dir zu deinem Lob eine würdige Prozession aus Ehrfurcht vor der festlichen Prozession halten kann, in der du deine Jünger in die Nähe von Betanien hinausgeführt hast[43]), als du zum Vater gehen wolltest.« Der Herr erwiderte: »Da Betanien ›Haus des Gehorsams‹ bedeutet, feiert mir derjenige die wohlgefälligste und preiswürdigste Prozession, der mich in sein Innerstes führt – das heißt, mir seinen Willen völlig aufopfert – und sorgfältig abwägt, worin er mehr dem eigenen als meinem göttlichen Willen gefolgt ist, darüber tiefen Schmerz empfindet und sich vornimmt, in Zukunft in allem meinen Willen zu suchen, zu verlangen und zu erfüllen.«

Als ihr dann bei der Kommunion der Leib des Herrn gereicht wurde, sprach der Herr zu ihr: »Sieh, ich komme jetzt zu dir, meiner Braut, nicht nur, um dir ›Lebe wohl‹ zu sagen, sondern auch, um dich mit mir zu nehmen und Gott, meinem Vater, vorzustellen.« An diesen Worten erkannte sie, daß der Herr, wenn er durch das Sakrament seines Leibes und Blutes zu einer Seele kommt, ihre Sehnsucht und ihren guten Willen in sich aufnimmt; und so, wie Wachs, auf das man ein Siegel drückt, das Bild des Siegels zeigt, so stellt er das Bild der Seele, das er in sich trägt, Gott Vater vor und erlangt für sie die Wohltaten der Gnade. Dann brachte sie dem Herrn ihre Gebete und auch die einiger anderer Personen dar, die sie an den Sohn Gottes gerichtet hatten. Sie sollten gleichsam der Schmuck sein, in dem seine heiligsten Wunden und Glieder zur Verherrlichung seiner erhabenen Himmelfahrt strahlen sollten. Dann erschien der Herr Jesus und stand in diesem prächtigen Schmuck vor Gott Vater. Der Herr und himmlische Vater aber nahm mit der allmächtigen Kraft seiner Gottheit den ganzen Schmuck seines einzigen Sohnes, der ihm durch den guten Willen der Auserwählten dargebracht worden war, in sich auf und sandte davon einen wunderbaren Glanz zu den Sitzen der Herrlichkeit, die für die von Ewigkeit her bereitet waren[44], die diese Gebete verrichtet hatten und die damit verherrlicht werden sollten, wenn sie nach dieser Verbannung ins himmlische Königreich gelangen würden.

Als sie aber gegen 15.00 Uhr an den Herrn Jesus dachte, der ihrer Meinung nach jetzt mit Herrlichkeit zum Himmel emporsteigen mußte, erschien er ihr wiederum, er, der Schönste von allen Menschen[45]. Er war bekleidet mit einem grünen Gewand und trug einen rosenfarbenen Mantel. Das grüne Gewand bedeutete die Blüte aller Tugenden, die in höchster Vollendung in der allerheiligsten Menschheit Christi aufsproßte, der rosenfarbene Mantel hingegen jene unermeßlich starke Liebe, die den Herrn angetrieben hatte, geduldig sein schweres Leiden zu tragen, als ob er sich nur durch Geduld im Leiden Verdienste hätte erwerben können. Mit diesen Gewändern angetan, schritt der König der Herrlichkeit[46], der Herr aller Mächte und Gewalten[47], begleitet von einer unendlichen Menge von Engeln, durch den Chor der Schwestern, umfaßte freundlich mit seinem heiligen Arm jede von ihnen, die an diesem Tag die Kommunion empfangen hatte, küßte sie zärtlich auf den Mund und sprach: »Seid gewiß: Ich bin bei euch bis zum Ende der Welt.«[48]

Einigen aber gab er noch einen goldenen Ring, der

mit einem kostbaren Edelstein besetzt war, und sagte: »Ich werde euch nicht als Waisen zurücklassen, sondern ich komme wieder zu euch.«[49] Als das Gertrud sah, wunderte sie sich und fragte den Herrn: »Was für Verdienste, liebster Gott, haben denn die vor den übrigen, denen du zum Zeichen besonderer Freundschaft die Ringe zum Pfand gegeben hast?« Der Herr antwortete: »Sie haben beim Mittagessen andächtig daran gedacht, wie ich vor meiner Himmelfahrt mit meinen Jüngern gegessen und getrunken habe[50]; und sooft eine von ihnen beim Essen an den Vers gedacht hat: ›Die Kraft deiner göttlichen Liebe soll mich ganz in dich, mein gütigster Herr Jesus, eingliedern‹, in ebenso vielen Farben leuchtet der Edelstein ihres Ringes.«

Als aber die Antiphon »Mit erhobenen Händen«[51] gesungen wurde, erhob sich der Herr mit göttlicher Kraft gleichsam in die Luft, begleitet von einer Menge von Engeln, die ihm in Ehrfurcht dienten, segnete die versammelte Gemeinschaft mit dem Zeichen des Kreuzes und sprach: »Meinen Frieden gebe ich euch, meinen Frieden hinterlasse ich euch.«[52] Daran erkannte sie, daß der Herr durch diesen Segen seinen Frieden tief in die Herzen aller eingegossen hatte, die den Tag seiner Himmelfahrt besonders andächtig begingen, so daß in Zukunft niemand mehr von Unruhe hin- und hergerissen würde, ohne daß nicht wenigstens eine Spur dieses Friedens in seinem Herzen erhalten bliebe, so wie unter der Asche noch ein Feuerfunke glimmt.

37. Kapitel

Von der Vorbereitung auf das Pfingstfest

Als das hohe Pfingstfest nahte, bat sie am Sonntag davor bei der Kommunion den Herrn, sie zum Empfang des Heiligen Geistes besonders würdig durch vier Tugenden vorzubereiten, nämlich durch Reinheit des Herzens, Demut, Ruhe und Eintracht. Bei der Bitte um die Reinheit des Herzens merkte sie, daß ihr Herz sogleich weiß wie Schnee wurde. Als sie um die Tugend der Demut flehte, schien der Herr in ihrer Seele den Boden zum Empfang seiner Gaben zu bereiten. Als sie aber darum bat, ihr die Ruhe zu schenken, umgab der Herr ihr Herz wie mit einem goldenen Kreis gegen die Angriffe der Feinde. Da sagte sie: »Mein Herr, ich fürchte, daß ich dieses Bollwerk der Ruhe allzu schnell durchbrechen werde, weil ich mich nicht zurückhalten kann, wenn ich etwas sehe, was dir zuwider ist, sondern heftig dagegenspreche.« Der Herr erwiderte: »Durch eine solche Erregung gerät das Gut der Ruhe keineswegs ins Wanken, sondern es wird durch unterschiedliche Schranken in wunderbarer Weise verziert, wodurch die unauslöschliche Glut des Heiligen Geistes die Seele wirksamer anhaucht und angenehmer erfrischt.«

Als sie dann für die Eintracht in Liebe betete, bedeckte der Herr mit dieser Tugend wie mit einem Mantel die übrigen Gaben des Heiligen Geistes, um sie in ihrer Seele zu bewahren, und festigte und kräftigte sie so. Weil sie aber wieder fürchtete, diesen Mantel der Eintracht durch zu harte Worte gegen einige zu verlieren, deren Denken und Empfinden im Gegensatz zur Ordensregel standen, antwortete der Herr: »Die Tugend der Eintracht wird nicht durch Widerstand gegen die Ungerechtigkeit erschüttert. Denn ich selbst lege mich auf die Risse des Herzens, das der Eifer für mich gespalten hat, und festige und bewahre so um so sicherer das Wohnen und Wirken meines göttlichen Geistes in ihm.« Außerdem erkannte sie, daß jeder, der andächtig darum bittet, daß ihn der Herr durch diese Tugenden auf den Empfang des Heiligen Geistes vorbereitet, und sich um Fortschritte in ihnen bemüht, mit Sicherheit dieselbe Wirkung erzielen wird.

38. Kapitel

Vom honigströmenden Pfingstfest

Als sie am heiligen Vigiltag während des Chorgebetes andächtig um eine würdige Vorbereitung auf die Ankunft des Heiligen Geistes betete, hörte sie im Geist den Herrn lieb und freundlich zu ihr sagen: »Ihr werdet die Kraft des Heiligen Geistes empfangen, der auf euch herabkommen wird.«[53] Während sie diese Worte des Herrn mit wunderbarer Süßigkeit erfüllten, begann sie zugleich in Demut ihre Unwürdigkeit zu überdenken; und es schien ihr, daß sie durch das Denken an ihre Unwürdigkeit in ihrem Herzen gleichsam einen Grund legte, der um so tiefer war, je mehr sie sich für unwürdig hielt. Dann tropfte aus dem honigfließenden Herzen des Gottessohnes eine kristallklare, honigähnliche Flüssigkeit, die allmählich den Grund ihres Herzens bedeckte und es schließlich ganz ausfüllte. Dadurch wurde ihrer Meinung nach die Süßigkeit des Tröster-Geistes ausgedrückt, der durch das Herz des Gottessohnes in die Herzen der Auserwählten einströmt. Dann segnete der Gottessohn mit seiner göttlichen Hand den gefüllten Grund ihres Herzens wie einen Taufbrunnen, um so jede Seele, die ihn betreten würde, von allen Sündenflecken zu reinigen und sich angenehm zu machen.

Aus Freude über diese heilsame Segensgnade, die ihr geschenkt wurde, sprach sie zum Herrn: »Sieh, ich unwürdige Sünderin bekenne mit Schmerz, daß ich leider aus menschlicher Schwachheit mich häufig gegen deine göttliche Allmacht vergangen, aus Unkenntnis in verschiedener Weise gegen deine göttliche Weisheit gesündigt und außerdem aus Bosheit oft deine unschätzbare Güte erzürnt habe. Deshalb habe Mitleid mit mir, du Vater des Erbarmens[54)], und gib mir von deiner Allmacht Kraft, mich allem zu widersetzen, was dir feindlich ist. Von deiner unerforschbaren Weisheit schenke mir, daß ich mit Vorsicht allem zuvorkomme, was deine reinen Augen an mir verletzen könnte; und von deiner überreichen Güte gewähre mir, daß ich mit so standhafter Treue zu dir stehe, daß ich niemals, auch nicht in der unbedeutendsten Sache, von deinem Willen abweiche.«

Durch diese Worte schien sie in jenen Grund wie zur Wiedergeburt versenkt zu werden. Als sie nach einer Weile von dort zurückkehrte, war sie, von jedem Sündenflecken rein, weißer als der Schnee. So trat sie vor die göttliche Majestät, empfahl sich dem Schutz aller Heiligen, wie sich Getaufte ihren Paten empfehlen, und bat sie alle um ihr Gebet. Da erhoben sich alle Heiligen mit Freude und boten dem Herrn all ihre Verdienste als Ersatz für Gertruds Nachlässigkeiten und Fehler an. Als ihre Seele damit wunderbar geschmückt war, nahm sie der Herr liebevoll zu sich und stellte sie direkt vor sich hin, so daß der göttliche Hauch ihre Seele gütig anwehte und umgekehrt der Herr den Hauch ihrer Seele wirksam in sich aufnahm; und er sagte zu ihr: »Meine Freude ist es, bei den Menschen zu sein.«[55] Durch den Hauch der Seele nämlich wurde ihr guter Wille sichtbar, durch den Hauch des Herrn aber Gottes Güte, die den guten Willen der Seele annimmt. So ruhte sich also ihre Seele in den Armen des Herrn glücklich und erwartungsvoll aus, um sich auf den Empfang des Heiligen Geistes würdig vorzubereiten.

Als sie sich durch besondere Gebete bemühte, vom Herrn die sieben Gaben des Heiligen Geistes[56] zu erlangen, und zuerst um die Gabe der Furcht bat, um dadurch von allen Sünden abgehalten zu werden, schien der Herr auf der Stelle gleichsam in der Mitte ihres Herzens einen Baum von prächtigem Wuchs zu pflanzen. Er breitete seine Zweige aus und bedeckte damit die ganze Wohnung ihres Herzens. Auch hatte er einige gebogene Stacheln, aus denen die schönsten Blüten in die Höhe wuchsen. Sie erkannte, daß der Baum die heilige Gottesfurcht darstellt, die die Seele wie mit Stacheln durchsticht und von allen schlechten Handlungen abhält, die Blüten aber den Willen bedeuten, mit dem der Mensch vor jeder Sünde geschützt werden möchte. Wenn nun der Mensch so aus Gottesfurcht ein gutes Werk vollbringt oder etwas Schlechtes unterläßt, dann trägt dieser Baum die schönsten Früchte. Auch die übrigen Gaben, um die sie andächtig betete, erschienen in Gestalt von herrlichen Bäumen, die je nach ihren Kräften unterschiedliche Früchte hervorbrachten. So tropfte von den Bäumen der Wissenschaft und der Frömmigkeit ein sanfter Tau herab. Daran erkannte sie, daß alle, wie mit lieblichstem Tau besprengt, grünen und blühen, die sich in diesen Tugenden üben. Von den Bäumen des Rates und der Stärke hingen goldene Stricke herab. Dadurch wurde ausgedrückt, daß sich die Seele durch den Geist des Rates und der Stärke angezogen fühlt, geistliche Dinge zu erfassen; und von den Bäumen der Weisheit und des Verstandes flossen Nektarbächlein als Zeichen dafür herab, daß durch den Geist der Weisheit und des Verstandes die Süßigkeit des göttlichen Genusses wirksam in die Seele einströmt und sie zu ihrer Freude sättigt.

Als sie jedoch in der heiligen Pfingstnacht während der Metten eine so große Schwäche fühlte, daß sie nicht länger daran teilnehmen konnte, sagte sie zum Herrn: »Was, mein Herr, kann dir das an Ruhm und Lob bringen, daß ich Unwürdige mich am heiligen Chorgebet nur so kurze Zeit beteilige?« Der Herr antwortete: »Damit du durch einen Vergleich mit äußeren Dingen zu geistlicher Erkenntnis geführt wirst, überlege, was ein Bräutigam dadurch gewinnt, daß er nur eine einzige Nacht lang lieb zu seiner Braut ist! Nie aber kann ein Bräutigam eine solche Freude an den Zärtlichkeiten seiner Braut finden wie ich, wenn mir meine Auserwählten, und sei es für noch so kurze Zeit, ihre Herzen anbieten, um mich an ihnen zu erfreuen.«

Als sie jedoch zur Kommunion ging, schien der Herr aus all seinen Gliedern ihre Seele mit einem so süßen Hauch zu erquicken, daß sie eine wunderbare und unaussprechliche Freude empfand; und sie erkannte, daß sie das durch ihr eifriges Gebet um die Gaben des Heiligen Geistes erlangt hatte. Nach der Kommunion opferte sie Gott Vater den ganzen hochheiligen Lebenswandel Jesu Christi als Ersatz dafür auf, daß sie seit der Stunde, wo sie als Getaufte den Heiligen Geist empfing, niemals ihrem so würdigen Gast eine angemessene Wohnung in ihrem Herzen und in ihrer Seele bereitet habe. Da flog der Heilige Geist – schnell wie ein Adler, der Beute sucht – ungestüm in Gestalt einer Taube[57] zum lebenspendenden Sakrament herbei, suchte das süßeste Herz Jesu, trat darin ein und zeigte so, daß er mit der Wohnung in dieser hochheiligen Brust sehr zufrieden war.

Als dann bei der Terz[58] der Hymnus »Komm, Schöpfer Geist«[59] gesungen wurde, erschien ihr der Herr Jesus und öffnete, ihr zugewandt, sein mit Süßigkeit gefülltes Herz. Da beugte sie die Knie und fiel nieder auf ihr Angesicht, so daß ihr Haupt mitten im Herzen des Herrn ruhte. Der Herr aber richtete ihr Haupt auf, umschloß es mit seinem göttlichen Herzen, vereinigte dadurch mit sich ihren Willen, den man als Haupt der Seele bezeichnet, und heiligte ihn in sich. Bei der zweiten Strophe »Der du der Tröster wirst genannt« legte sie, vom Herrn belehrt, beide Hände in sein Herz und erreichte die Hilfe des göttlichen Trostes in all ihren Werken, so daß sie ihm in Zukunft durch ihre Vollkommenheit gefallen würden. Bei der dritten Strophe »O Schatz, der siebenfältig ziert« legte sie ihre Füße in gleicher Weise in das Herz des Herrn und erlangte die Heiligung all ihrer

Wünsche, die durch die Füße bezeichnet werden. Als sie bei der vierten Strophe »Zünd an in uns des Lichtes Schein« ihre Sinne dem Herrn empfahl, empfing sie die Verheißung, ihre Sinne würden so erleuchtet werden, daß durch sie auch andere in der Erkenntnis wachsen und von Gottesliebe entflammt würden. Bei der fünften Strophe aber »Treib weit von uns des Feinds Gewalt« wandte sich der Herr zärtlich der Seele zu und küßte sie liebevoll. Dadurch wehrte er wie mit einem undurchdringlichen Schild alle Nachstellungen des Feindes machtvoll von ihr ab. Dabei empfand sie in ihrer Seele ein solches Glück, daß sie klar erkannte, daß es das war, wovon ihr am Tage davor gesagt worden war: »Ihr werdet die Kraft des Heiligen Geistes empfangen, die auf euch herabkommen wird.«[60]

41. Kapitel

Vom Fest der glorreichen Dreifaltigkeit

Am Hochfest der strahlenden und immer ruhig thronenden Dreifaltigkeit las sie aus Ehrfurcht den Vers: »Ehre gebührt dir, du königliche, erhabenste, glorreichste, edelste, schönste, gütigste, immer ruhig thronende und unaussprechliche Dreifaltigkeit, in gleicher Weise eine Gottheit vor aller Zeit, jetzt und in Ewigkeit!«[61] Als sie diese Worte dem Herrn darbrachte, erschien Gottes Sohn in seiner menschlichen Gestalt, in der er, wie es in der Schrift heißt, geringer als der Vater ist.[62)] Er stand in jugendlicher Schönheit vor der verehrungswürdigen Dreifaltigkeit und hatte auf jedem Glied eine Blume von solcher Pracht und solchem Glanz, daß man keinen sichtbaren Gegenstand damit vergleichen konnte. Dadurch wurde ausgedrückt, daß wir unbedeutenden Menschen zwar keinen würdigen Beitrag zum Lobe der erhabenen Dreifaltigkeit leisten können, Christus Jesus aber in seiner menschlichen Natur unsere geringen Anstrengungen annimmt, in sich veredelt und zu einem würdigen Brandopfer der höchsten und unteilbaren Dreifaltigkeit macht.

Als aber die Vesper begann, hielt der Sohn Gottes sein überaus gütiges und würdiges Herz in beiden Händen und zeigte es in Gestalt einer Zither der glorreichen Dreifaltigkeit. Dadurch erklangen alle Bitten und Lieder, die während des ganzen Festes gesungen wurden, in wunderbarer Weise. Die Stimmen derjenigen, die ohne besondere Andacht nur aus Gewohnheit oder menschlichem Vergnügen sangen, hatten wie Töne von dicken Saiten einen dumpfen Klang. Die Stimmen derjenigen jedoch, die ein Loblied auf die verehrungswürdige Dreifaltigkeit sangen, klangen durch das heiligste Herz Jesu in hohen, hellen Tönen und ergaben so eine herrliche Melodie. Als dann die Antiphon »Mit Küssen seines Mundes bedecke er mich«[63)] gesungen wurde, erscholl vom Thron eine Stimme und sprach: »Es trete heran mein geliebter Sohn, an dem ich in allem Gefallen gefunden habe[64)], und gebe mir einen ganz lieben Kuß.« Darauf trat der Sohn Gottes in menschlicher Gestalt vor und küßte die unfaßbare Gottheit, mit der er in seiner menschlichen Natur untrennbar auf das glücklichste vereinigt war. Danach sagte der Sohn Gottes liebevoll zu seiner jungfräulichen Mutter, zu deren Ehre diese Antiphon gesungen wurde: »Tritt auch du hinzu, liebste Mutter, und empfange von mir einen glücklich machenden Kuß.« Als er nun seine heilige Mutter geküßt hatte, trug die glorreiche Jungfrau auf der Stelle an ihren Gliedern denselben wunderbaren Blumenschmuck wie der Herr durch die ihm dargebrachten Gebete. Diese Ehre erwies der Sohn Gottes seiner Mutter dafür, daß er von ihr die menschliche Gestalt angenommen hatte, deren heilige Glieder durch die Opfer unserer Andachtsübungen und Gebete, auch der unbedeutendsten, geschmückt waren. Ferner erkannte Gertrud, daß ebensooft, wie an diesem Fest die Person des Sohnes genannt wurde, Gott Vater in unaussprechlicher und unbeschreiblicher Weise seinem innig geliebten Sohn Liebe erwies. Dadurch wurde die menschliche Gestalt Jesu Christi in wunderbarer Weise verklärt, und alle Heiligen gewannen so neue Erkenntnis über die unbegreifliche Dreifaltigkeit.

Als dann während der Metten bei den Laudes die Antiphon gesungen wurde: »Dich preisen mit Recht … alle deine Geschöpfe«[65], da stimmte sie mit all ihren Kräften in das Lob der stets verehrungswürdigen Dreifaltigkeit ein; und wenn sie diese Antiphon mit solcher Hingabe und Andacht hätte singen können, daß sie beim Lob Gottes alle Kräfte aufgebraucht und ihr Leben verloren hätte, dann wäre sie dazu sehr gern bereit gewesen. Da neigte sich die ganze Dreifaltigkeit zu dem würdigsten Herzen Jesu, das in Gestalt der Zither vor ihr in wunderbarer Weise angerührt wurde und einen angenehmen Ton gab, und befestigte daran drei Saiten, die ununterbrochen und in Übereinstimmung mit der unüberwindbaren Allmacht des Vaters, der Weisheit des Sohnes und der Güte des Heiligen Geistes jeden ihrer Mängel zum Wohlgefallen der heiligen Dreifaltigkeit beseitigen sollten. Als sie die Metten andächtig gebetet hatte, begann sie sich zu fragen, ob sie nicht vielleicht durch eine Nachlässigkeit das Ausbleiben der sonst gewohnten Geisteserleuchtungen verschuldet habe. Darüber wurde sie von Gott mit diesen Worten belehrt: »Obwohl du zu Recht die innere Freude geistlicher Erkenntnis entbehrt hast, weil du deinem eigenen Willen zugestimmt und dich in menschlicher Weise an der schönen Melodie erfreut hast, sollst du wissen, daß deine Verdienste und damit deine künftigen Belohnungen angewachsen sind, weil du in meinem Dienst die Anstrengung der Bequemlichkeit vorgezogen hast.«

Da man jedoch der menschlichen Einsicht nicht mit Worten begreiflich machen kann, was Gertrud danach und davor an diesem bedeutenden und ihr besonders lieben Fest an geistlicher Gnade oder Tröstung von Gott in seiner Freigebigkeit empfing, so sei ihm dafür und für alles übrige, was nur ihm allein bekannt ist, alle Ehre und Danksagung, die ihm an diesem Tag besonders durch die Gottesdienste der Kirche erwiesen wird.

48. Kapitel

Von der Aufnahme der seligen Jungfrau

Als das Fest der wunderbaren Aufnahme der unbefleckten Jungfrau nahte, lag Gertrud wieder krank und war deshalb nicht imstande, zur Ehre der seligsten Jungfrau Maria das *Ave Maria* so viele Male zu beten, wie sie Jahre auf Erden gelebt hatte. Trotzdem versuchte sie, dafür andächtig die drei Begrüßungsworte des Engels *»Sei gegrüßt – du Begnadete – der Herr ist mit dir«*[66] zu sprechen. Während sie dies mit verschiedenen Gebeten aufopferte, die ihr von anderen zur Darbringung an die seligste Jungfrau empfohlen worden waren, erschien diese selbst. Sie war in einen grünen Mantel gehüllt, der überall von goldenen, dreiblättrigen Blumen glänzte, und sagte: »Schau, jede von denen, in deren Namen du mir dies darbringst, hat meinem Schmuck ebensoviel Blumen hinzugefügt, wie sie Worte des Gebetes gesprochen hat. Davon blüht die eine mehr, die andere weniger, je nachdem jede mehr oder weniger andächtig gebetet hat; und ich senke den Widerschein dieser Blumen in die Seelen aller, die mir das gegeben haben, damit sie dadurch meinem Sohn und dem ganzen himmlischen Heer gefallen können.«

Auch hatte die selige Jungfrau unter die bereits erwähnten dreiblättrigen Blumen einige Rosen mit sechs strahlenden Blättern gemischt: drei der Blätter schienen aus Gold und mit verschiedenen Edelsteinen wunderbar verziert zu sein. Die anderen drei Blätter aber, die sich zwischen ihnen befanden, besaßen unterschiedliche, unvorstellbar schöne Farben.

Sie erkannte, daß die drei goldenen Blätter die drei Begrüßungsworte des Engels bedeuteten, die sie in ihrer Krankheit mit großer Anstrengung gesprochen hatte. Ihnen hatte der Herr in seiner Güte drei andere Blätter mit drei unsagbar schönen Farben hinzugefügt: eines für die Zuneigung, die sie empfunden hatte, als sie seine liebe Mutter begrüßte und lobte; ein zweites für ihre wohlüberlegte Entscheidung, nur die drei Begrüßungsworte zu sprechen, als sie sich schwach fühlte; und ein drittes für das volle Vertrauen, daß sowohl der Herr als auch seine gütige Mutter das annehmen würden, wozu sie in der Lage war.

Als sie dann während der Prim[66a], nach der die Messe von der Vigil der Aufnahme gesungen werden sollte, den Herrn aus tiefstem Herzen darum bat, ihr Gnade und Gunst bei seiner lieben Mutter zu erlangen, der sie ihrer Meinung nach niemals den schuldigen Dienst erwiesen hatte, neigte sich der Herr mit größter Zärtlichkeit in die vertrauten Umarmungen seiner Mutter, schenkte ihr alle kindliche Liebe, die ihn jemals ihr gegenüber ergriffen hatte, und sagte: »Liebste Herrin und Mutter, denke daran, daß ich zu den Sündern um deinetwillen gnädig bin, und sieh auf meine Erwählte mit solcher Liebe, als wenn sie dir alle Tage ihres Lebens zu deiner Freude mit höchster Andacht gedient hätte.« Das bewegte die jungfräuliche Mutter zutiefst, und sie schien sich aus Liebe zu ihrem Sohn ganz Gertrud zuzuwenden.

Als während der Messe »Vultum tuum«[67] im Kirchengebet gesprochen wurde: »Gott, du hast in deiner Huld den jungfräulichen Schoß Marias als Wohnstatt für dich auserwählt«, war der Herr Jesus zu seiner heiligsten Mutter so unsagbar freundlich und lieb, als ob er ihr in dieser Stunde alle Freuden vielfach erneuern wollte, die sie bei seiner heiligen Empfängnis, Geburt und anderen frohen Ereignissen in seinem menschlichen Dasein empfunden hatte; und bei den Worten: »Gib, daß wir, durch ihren Schutz beschirmt, freudig an ihrem Fest teilnehmen«, schien die sanfte Mutter gütig ihren Mantel auszubreiten, um alle, die bei ihr Zuflucht suchten, unter ihren besonderen Schutz zu nehmen. Dann kamen die heiligen Engel und führten all die Personen zu ihr, die sich durch besondere Andacht oder Gebete auf dieses Fest vorbereitet hatten. Sie sahen wie schöne junge Mädchen aus und saßen achtungsvoll vor ihr wie Töchter vor ihrer Mutter. Die heiligen Engel leisteten ihnen Beistand bei der Verteidigung gegen alle bösen Geister und der Förderung von allem Guten. Gertrud erkannte daran, daß dieser Schutz durch die Engel durch die soeben erwähnten Worte des Kirchengebetes bewirkt wurde: »Gib, daß wir durch ihren Schutz beschirmt sind.« Denn auf Marias Befehl verteidigt und schützt die Engelschar alle, die sie anrufen.

Ferner schienen unter ihren Mantel die verschiedensten Tiere zu flüchten. Sie stellten die Sünder dar, die für Maria eine besondere Verehrung empfanden. Sie alle nahm die Mutter der Barmherzigkeit gütig auf, bedeckte sie mit ihrem Mantel, streichelte und liebkoste sie mit ihrer zarten Hand und sprach so freundlich zu ihnen wie jemand, der lieb zu seinem Hündchen redet. Dadurch zeigte sie deutlich, wie barmherzig sie alle aufnimmt, die sie anrufen, und mit wie mütterlicher Liebe sie auch die verteidigt und schützt, die noch in der Sünde leben, aber auf sie hoffen, bis sie sie durch wahre Buße mit ihrem Sohn versöhnt. Beim Emporheben der heilbringenden Hostie aber schien sich der Herr Jesus selbst mit der ganzen Seligkeit seiner Gottheit und Menschheit in sakramentaler Gestalt all denen anzubieten, die andächtig die Messe zu Ehren seiner lieben Mutter feierten und verlangten, ihr am Fest ihrer Aufnahme in den Himmel fromm zu dienen, um so durch die göttliche Lebenskraft angezogen, angenehm gekräftigt und im guten Willen gestärkt zu werden, so wie jemand durch eine Speise gekräftigt und gestärkt wird, die aus verschiedenen Gewürzen und Zutaten bereitet wurde.

Als aber die Schwestern entsprechend den Ordensstatuten nach der Messe zum Kapitel gingen, erblickte Gertrud den Herrn Jesus, wie er mit der unübersehbaren Engelschar den Konvent voll Freude erwartete. Darüber wunderte sie sich sehr und sagte zu ihm: »Warum, mein liebenswerter Herr, bist du mit so großer Huld und so vielen Engeln zu diesem Kapitel gekommen, wo wir doch keine besondere Andacht haben wie etwa an der Vigil deiner heiligen Geburt und Menschwerdung?« Der Herr antwortete: »Ich bin gekommen wie ein Familienvater, der die Gäste freundlich empfängt, die zu seinem Gastmahl geladen sind. Heute aber werde ich aus Achtung vor meiner lieben Mutter zur Ankündigung des Festes ihrer erhabenen Aufnahme mit besonderer Liebe all die aufnehmen, die es andächtig feiern wollen. Außerdem will ich mit meiner göttlichen Autorität alle die lossprechen, die demütig und andächtig Vernachlässigungen der Ordensregeln eingestehen.« Der Herr fügte noch hinzu: »In gleicher Weise bin ich an jedem Fest in eurem Kapitel bei euch und nehme alles, was ihr dort tut, so auf, wie ich es dir an der Vigil meiner Geburt gezeigt habe.«

Als sie besonders andächtig die Non[67a] betete, mit der nach unseren Statuten das Fest der Aufnahme beginnt, erkannte sie durch göttliche Erleuchtung, daß die seligste Jungfrau Maria schon am Tage vor ihrer Aufnahme ganz in Gott aufgegangen war. Sie hatte alles Menschliche abgelegt und lebte durch Gottes Geist schon im Vorgenuß der himmlischen Freuden bis etwa zu jener glücklichen dritten Stunde der Nacht, wo sie dem Herrn, vollendet in allen Tugenden und damit aufs beste vorbereitet, mit unaussprechlicher Freude entgegenging. Denn kein Vorwurf des Gewissens belastete sie. So flog sie in seine Arme, wurde *ein* Geist mit ihm[68] und ging ein in die großen und gerechten Taten[69] der unendlich seligen Gottheit.

Als während der Vesper die Psalmen gesungen wurden, schien der Herr alles, was darin zu seinem Lob gesagt wurde, in sein göttliches Herz zu ziehen und von dort gleich gewaltig und mächtig wogenden Strömen zur seligen Jungfrau und berühmten Mutter zu lenken, die daraus nach dem Maß ihrer Verdienste und Vorzüge schöpfte. Während dann die Antiphon »Ganz schön bist du«[70] angestimmt wurde, stürzte sie in die Umarmungen des Herrn und spielte die einzelnen Worte auf der Orgel seines Herzens zur Erinnerung an die überaus zarten Liebeszeichen, mit denen der Sohn des Allerhöchsten seine glückliche Mutter einst erfreute. Und siehe, aus dem göttlichen Herzen ergossen sich mächtige, überreiche Lichtströme in die Seele der Jungfrau, von wo sie als sichtbare Sterne in wunderbarem Glanz zurückzufluten schienen. Sie umgaben die Königin des Himmels von allen Seiten und erfreuten sie durch ihre unsagbare Schönheit. Manche aber fielen wegen ihrer Überzahl auf den Boden. Diese sammelten alle Heiligen, hielten sie dem Herrn froh entgegen und wurden bei ihrer Bewunderung unbeschreiblich beglückt. Dadurch wurde ausgedrückt, daß alle Heiligen vom Überfluß der Vorzüge und Verdienste der seligen Jungfrau in reichem Maße Freude, Herrlichkeit und unvergängliches Glück schöpfen. So vereinigten sich in jubelnder Freude alle Engel mit der Andacht des Konvents und sangen aus einem Munde mit ihm den herrlichen Wechselgesang »Wer ist diese?«[71], nach dessen Schluß der Sohn Gottes mit hoher Stimme den Vers anstimmte: »Schön ist sie.«[72] Dabei schien der Heilige Geist die Zither des göttlichen Herzens zum Ruhm und zur Ehre der vor allen Geschöpfen gesegneten Jungfrau und Mutter zu schlagen. Während des Hymnus »Den die Erde« lehnte sich die selige Jungfrau, gleichsam im Übermaß des Glücks ihrer selbst nicht mehr mächtig, über die Brust des innig geliebten Sohnes und ruhte dort im Jubel der himmlischen Freuden bis zum Verse »Glorreiche Herrin«. Da nämlich richtete sie sich auf, als ob sie die Gläubigen in ihrer Andacht dazu aufgefordert hätten, und reichte allen die Hand ihres gütigen Schutzes und mütterlichen Trostes. Doch beim Vers »Ehre sei Gott Vater« erhob sie sich und beugte dreimal mit größter Ehrfurcht die Knie zur Ehre der stets anbetungswürdigen Dreifaltigkeit. So stand sie während des Magnificat[73] und betete für die Kirche. Bei der Antiphon »Du weiseste Jungfrau« jedoch sandte sie ein himmlisches Licht auf alle, die sie andächtig anriefen.

Als Gertrud ein andermal an demselben Fest der

glorreichen Aufnahme wegen ihrer körperlichen Schwäche kaum an den Ort des Gebetes geführt werden konnte, um die Metten zu hören, und sich dort ermüdet setzte, erwies ihr der Herr, das aufstrahlende Licht aus der Höhe, Gnade durch seine barmherzige Liebe.[74] Beim sechsten Wechselgesang »Super salutem«[75] schien es ihr, als ob sie im Geist an dem beglückenden Fest teilnähme, an dem die jungfräuliche Gottesmutter sich von ihrem irdischen Leben löste und das Himmelreich betrat. Von diesem schon erwähnten sechsten Wechselgesang bis zum »Te Deum laudamus«[76], wo sie zu sich selbst zurückkehrte, wurde nichts gesungen, ohne daß sie dabei eine besondere Erleuchtung erfuhr, die sie mit wunderbarer Freude erfüllte. Von dem vielen will ich nun ein wenig berichten, soweit es für den menschlichen Verstand faßbar gemacht werden kann. Diesen Wechselgesang »Super salutem« nämlich schien die versammelte Gemeinschaft der Engel und Apostel zu singen, um ihrer Herrin gewissermaßen zu ihren einzigartigen Vorzügen und Würden zu gratulieren. Inzwischen trat die glorreiche Jungfrau in unbeschreiblicher Schönheit aus der Begrenztheit des irdischen Lebens heraus und wurde von ihrem Sohn auf das zärtlichste umarmt. Der gütigste Jesus aber, der Vater der Waisen[77], stellte in seiner Person die Kirche, seine geliebte Braut, dar; und als ob er ihre Bedürftigkeit, die tief in sein Herz gesenkt war, dem mütterlichen Empfinden anvertrauen wollte, stimmte er anstelle der Kirche den siebenten Wechselgesang an: »Heilige Gottgeliebte«. Als sie sich nun anschickte, vorwärts zu gehen, schien der Sohn, den zarte Liebe zu seiner Mutter ergriff, sie noch mehr preisen zu wollen. So grüßte er sie mit dem achten Wechselgesang: »Sei gegrüßt, Maria«; und der Chor der Heiligen fuhr fort: »Sei gegrüßt, du fromme Mutter der Christen.« Dann fügte Jesus in Person seiner Braut, der Kirche, mit heller Stimme hinzu: »Jungfrau, du Trost der Betrübten.«

Als dann die selige Jungfrau bei dem Gesang »Hört auf mich, ihr Kinder Gottes, und bringet Frucht gleich der Rose«[78] mit unbeschreiblicher Freude den Himmel betrat, wurde der ganze himmlische Hof von neuem mit solchem Jubel erfüllt, daß kein Mensch das in Worte kleiden kann. Sie schien nämlich eine Wiese zu betreten, die schöner war, als ein Mensch sich vorstellen kann. Denn sie war voll von Blumen jeder Art. Als dann der Vers gesungen wurde: »Grünet zum Ergötzen; stimmt ein Loblied an«[79], entsandten alle Blumen zur Aufnahme der einzigartigen Königin aus den einzelnen Blättern in besonderer Weise einen bezaubernden Glanz, angenehmen Duft und wunderbaren, hellen Klang, als wenn die Musik der ganzen Welt zum herrlichsten Gesang ertönte. Dann sang die selige Jungfrau voll Freude in ihrem unvergleichlichen Glück Gott zum Preis: »Ich freue mich und bin fröhlich in dem Herrn«[80]; und Gott Vater, besänftigt durch die höchste Vollkommenheit der herrlichen Jungfrau, segnete in seiner überreichen Güte die streitende Kirche mit den Worten: »Und fernerhin wirst du nicht mehr Verlassene heißen.«[81]

Danach begann zum Lob der Jungfrau Maria die ganze Schar der Engel mit hoher Stimme zu singen: »Sechzig Königinnen (hat Salomo)«[82], und drückte dadurch aus, daß die Jungfrau Maria hoch über ihnen stand. Der Chor der Heiligen fiel ein: »und achtzig Nebenfrauen«. So hob auch er hervor, daß die Jungfrau Maria den Vorrang vor allen Heiligen hat. Dann sangen beide, der Engel- und der Heiligenchor, in der Person der streitenden Kirche: »und Mädchen ohne Zahl«, und stellten auf diese Weise die Mutter über sich. Darauf schloß sich der Tröstergeist mit wunderbarer Stimme an: »Einzig ist meine Taube«, als wollte er damit sagen: »Einzig sie habe ich mir am ähnlichsten gefunden und gern bei ihr geruht.« Der Sohn Gottes ergänzte: »meine Makellose«, als ob er damit ausdrücken wollte: »Alles, was ich in meiner göttlichen und menschlichen Natur bei einem Menchen anzutreffen wünschte, habe ich bei ihr ohne Makel gefunden.« Ihm fügte der Herr und Vater hinzu: »Sie ist die Einzige ihrer Mutter, die Erwählte ihrer Gebärerin«, als ob er vor übergroßer Liebe nicht verschweigen wollte, was er selbst für sie empfand, und so herausstellte, daß sie die Erwählte ihrer Mutter, der Kirche, war.

Dann wurde sie mit geziemender Ehrfurcht auf den Thron der Herrlichkeit zur Rechten des Sohnes gesetzt, wobei der ganze himmlische Hof zu ihrem Lob den Wechselgesang anstimmte: »Sei gegrüßt, du edles Reis Jesse.« Sofort versammelten sich alle Himmelsbewohner vor ihrem Königsthron. Sie lobten ihren heiligen Lebenswandel und sangen in unaussprechlichem Jubel den Wechselgesang: »Selig bist du, Jungfrau Maria.«[83] Dann fügte die ganze Dreifaltigkeit den Vers »Ave Maria«[84] hinzu und erneuerte dabei in ihr die Seligkeit des Engelsgrußes, der der Anfang alles Heils war. Der Chor der Engel fuhr fort: »Siehe, du bist erhöht worden«, und bat sie, für die streitende Kirche Fürsprache einzulegen.

Zuletzt sang die heilige Jungfrau selbst zum Ruhme der stets verehrungswürdigen Dreifaltigkeit mit dem ganzen Himmelshof und Himmelsheer als Dank für die Gewährung der Seligkeit das »Te Deum laudamus«[85]. Im ersten Vers wurde die gesamte heilige Dreifaltigkeit gepriesen, durch den zweiten »Dir, dem ewigen Vater« besonders Gott Vater, durch den dritten »Dir rufen die Engel alle« der Sohn Gottes und durch den vierten »die Cherubim dir« der Heilige Geist. Gertrud erkannte, daß so durch die einzelnen Verse die einzelnen Personen verherrlicht wurden mit Ausnahme der sieben Verse, die mit »Du König der Herrlichkeit, Christus« beginnen. Diese beziehen sich nur auf den Sohn Gottes und loben ihn dafür, daß er das Streben der seligen Jungfrau mit seiner Hilfe stets auf das Lob Gottes richtete und es sich nie vergänglichen Dingen zuwenden ließ. Durch die folgenden Verse jedoch, nämlich »In der ewigen Herrlichkeit zähle uns deinen Heiligen zu«, wurden wieder abwechselnd die einzelnen Personen gepriesen. Dadurch gelangte Gertrud zu der Erkenntnis, daß die dem Vater zugeschriebenen Verse in besonderer Weise nur auf ihn paßten und daß es bei den Versen auf den Sohn und den Heiligen Geist ebenso war. Als sie danach von dieser beglückenden Festfeier, an der sie im Geiste teilgenommen hatte, zu sich selbst zurückkehrte, fühlte sie auch ihren Körper wiederhergestellt und eilte allen, die bei ihr standen und sie wegführen wollten, mit solcher Schnelligkeit voraus, als ob sie keinerlei Schwäche empfände; und dieses Befinden dauerte an, bis sie nach der Meßfeier mit körperlicher Speise gestärkt wurde. Drei Jahre danach lag Gertrud wiederum am Tage vor dem Fest der Aufnahme Marias krank in ihrem Bett und war schon früh beim ersten Morgengrauen um Andacht bemüht. Da sah sie im Geiste die seligste Jungfrau selbst. Sie befand sich in einem herrlichen Garten, in dem es Blumen von jeder Farbe gab, die einen wunderbaren Duft verbreiteten. Im stillen Jubel und in beglückendste Betrachtung versenkt, schickte sie sich an zu sterben. Durch ihr liebenswürdig-heiteres Antlitz und ihre freundliche Haltung zeigte sie, daß sie ganz von Gnade und Anmut erfüllt war. In dem Garten aber waren wunderschöne Rosen ohne Dornen, strahlend weiße Lilien, herrlich duftende Veilchen und Blumen jeder Art ohne Unkraut dazwischen; und – was sich ganz wunderbar anhört – je weiter die Blumen von der seligen Jungfrau entfernt waren, um so schöner, duftender und kräftiger schienen sie zu sein. Die edle Jungfrau nahm aus jeder Blume alle Kraft wie einen Hauch mit unermeßlich himmlischem Verlangen in sich auf und atmete ihn mit ebenso großer Freude aus in das vergöttlichende Herz ihres lieben Sohnes, das ihr zugewandt war und offen stand.

In dem Raum zwischen der seligen Jungfrau und den Blumen, deren Hauch sie in sich aufnahm, war eine unzählige Menge von Engeln damit beschäftigt, den Herrn zu preisen und ihrer erhabenen Herrin zu dienen. Ferner sah Gertrud den heiligen Johannes den Evangelisten. Er betete andächtig gleichsam am Haupt der Jungfrau und Mutter des Herrn, die auch von ihm einen wunderbaren Hauch in sich einzuziehen schien. Gertrud war darüber überaus erfreut und begann sich verwundert zu fragen, was das alles bedeutete. Da belehrte sie der Herr, daß der erwähnte Garten den Leib der unberührten Jungfrau darstellte, die Blumen jedoch die verschiedenen Tugenden, die sie ausgebildet hatte. Die Rosen hingegen, die entfernter von den übrigen standen, prächtiger waren und von den seligen Geistern mit größerer Ehrfurcht gepflegt wurden, drückten die Werke der Gottes- und der Nächstenliebe aus. Je mehr sie sich bemüht hatte, diese auszuweiten, desto würdigere Frucht hatte sie Gott gebracht. Die Lilien aber, die kräftiger dufteten und strahlender glänzten, bedeuteten Beifall für ihren heiligen Lebenswandel, den die Auserwählten nachahmten. Der Hauch, den die königliche Jungfrau aus dem Herzen des heiligen Johannes in sich einzog, war Ausdruck dafür, daß sie durch diesen Heiligen eine besondere Herrlichkeit mit Hilfe des Guten erlangte, dem sie durch seine Fürsorge in ihrem Leben völlig frei nachgehen konnte. Als dann Gertrud fragte, welchen Gewinn der heilige Johannes dadurch habe, erwiderte der Herr: »Mein Herz ist ihm mit so vielen Graden der Liebe zugetan, wie es Bemühungen gibt, durch die er meine Mutter bei ihren Tugendübungen unterstützt hat.« Ferner erkannte sie, daß mit der Person der seligen Jungfrau, die sich in dem Garten aufzuhalten schien, ihre kostbare Seele gemeint war, die sich in wunderbarer Weise an der Frucht ihrer Tugenden erfreute. Sie nahm sie mit größter Dankbarkeit gleichsam in sich auf und ließ alles zu Gott zurückströmen. In solchem Jubel verbrachte Gertrud den ganzen Tag bis zu den Metten. Da sah sie wiederum in geistlicher Verzükkung[86)] während des ersten Wechselgesanges die Mutter des Herrn, das seligste von allen Geschöpfen, in vollkommener Ruhe an der Brust ihres geliebten Sohnes liegen. Dieser goß aus seinem Herzen mit dem größten Vergnügen die ganze Frucht der Tugenden wieder zurück, die sie vorher aus Dankbarkeit auf ihn übertragen hatte und die nun noch wertvoller war, weil er sie in seinem göttlichen Herzen geadelt hatte. Sie umgab sie wie Rosenblüten und Lilien der Täler[87] und schmückte sie mit unaussprechlicher Frühlingsschönheit. Den ersten Wechselgesang aber schien Gott, der allmächtige Vater, selber in herrlicher Weise mit den Worten »Ich sah die Schöne« zu singen. Dadurch gab er den Himmelsbewohnern bekannt, wie er sie auf Erden gekannt hatte, nämlich als eine »makellose Taube« durch ihre Unschuld; als eine »über die Wasserbäche Aufsteigende« durch ihre Sehnsucht; als eine, »deren Kleidern ein unbeschreiblicher Duft« innewohnte, durch ihren heiligen Lebenswandel; und als eine, die »Rosenblüten und Lilien der Täler wie Frühlingstage«[88] umgebe, durch ihre verschiedenen Tugenden. Daran schloß sich der Heilige Geist mit dem zweiten Wechselgesang »Wie die Zeder des Libanon«[89] an und würdigte so den erhabenen, heiligen Lebenswandel der seligen Jungfrau.

Dieses gewaltige Lob bewirkte, daß alle Heiligen voll Bewunderung den dritten Wechselgesang: »Wer ist diese?«[90] anstimmten. Zwar konnte Gertrud den Sinn der einzelnen Worte erfassen, doch war sie aus Schwäche nicht in der Lage, alles zu behalten. Dann kamen alle Heiligen in ehrfurchtsvoller Prozession vor dem jüngfräulichen Thron der glorreichen Mutter feierlich zusammen und priesen sie mit himmlischem Klang durch den vierten Wechselgesang »Freu dich, Königin«, daß *sie* die übermächtige Königin sei, durch die ihnen schon jetzt die Klarheit des ewigen Lichtes leuchten würde. Sie sei es wert, schon bald nicht nur die Königin der Erde, sondern auch der Himmel zu sein; und in ihrem Tugendschmuck und in der Vollkommenheit der Gnaden sei sie in Wahrheit die schönste von allen Jungfrauen. Denn voller

Erbarmen komme sie allen Bedürftigen mit mütterlicher Liebe zu Hilfe. Auch trage sie zur Vermehrung der ewigen Herrlichkeit bei, da sie durch ihre Verdienste die Freude der Heiligen steigere. Danach traten zu ihrer Ehre die Engelchöre vor und sangen mit heller Stimme den Vers: »Gib, daß wir uns freuen«, als ob sie durch diese Worte ihre Auflösung und den Eintritt in die Himmelsglorie beschleunigen wollten. Nun erklang von allen Heiligen für alle Gnaden, die die selige Jungfrau an ihrem Leib und an ihrer Seele empfangen hatte, das »Ehre sei dem Vater«, und alle fuhren zum Lobe Gottes und der jungfräulichen Mutter mit den weiteren Antiphonen und Psalmen des Chorgebetes fort. Beim fünften Wechselgesang aber erhob sich die edle Jungfrau und pries in tiefer Dankbarkeit Gott zujubelnd mit den Worten: »Siehe, von nun an preisen mich selig alle Geschlechter.«[91)]

Nachdem sich nun ihre Seele, die gesegnetste von allen Geschöpfen, vom Leib getrennt hatte, stützte sie sich sanft auf die Arme ihres Bräutigams und Sohnes und wurde in die Quelle aller Seligkeit durch eine unvergleichlich beglückende Vereinigung versenkt, um daraus nie wieder aufzutauchen. Da brach der ganze himmlische Hof aus Freude über die willkommene Gegenwart der vortrefflichen Königin beim Anblick ihrer jungfräulichen Seele – sie wurde in den beglückenden Umarmungen des Königs über die Chöre der Engel und Heiligen erhoben und unmittelbar neben die stets verehrungswürdige Dreifaltigkeit gesetzt – in Jubel, Entzücken und Glückwünsche aus und sang zu ihrem Lob den sechsten Wechselgesang »Mehr als Gesundheit und Schönheit liebte ich sie.« Darauf entschwand die Vision.

Als Gertrud ein andermal an demselben Fest andächtig die Metten betete, teilte sie die drei Nokturnen in drei besondere Andachtsübungen. In der ersten Nokturn erinnerte sie die glorreiche Jungfrau bei den einzelnen Worten und Belehrungen an die unaussprechlichen Tröstungen, die sie in Erwartung ihres gesegneten Hinübergangs von ihrem Sohn und den Heiligen empfangen hatte; und bei den einzelnen Worten, mit denen sie von Gertrud oder einem anderen Gläubigen in der ganzen Welt an die erwähnten Tröstungen erinnert wurde, schien die unbefleckte Jungfrau mit Rosenblüten und Lilien der Täler[92] umgeben zu werden. In der zweiten Nokturn erinnerte sie sie an das Glück und die Freuden, die sie, sanft auf ihren Geliebten gestützt[93], beim Übergang von dieser Welt in den himmlischen Palast empfand; und die erhabene Jungfrau erhielt so viele Schmuckstücke, wie es Worte gab, durch die sie in der ganzen Welt daran erinnert wurde. In der dritten Nokturn schließlich erinnerte sie die Himmelskönigin an die unaussprechliche, das menschliche Fassungsvermögen weit übersteigende Herrlichkeit, in die sie beim Eintritt in das Reich aufgenommen und mehr als alle anderen erhöht wurde. Bei diesen Worten umgab sie unbeschreiblicher Glanz und wunderbar süßer Würzgeruch.

Während der Messe aber las Gertrud dreimal den Vers: »Lobet den Herrn, alle Völker.«[94] Beim ersten Mal bat sie in gewohnter Weise alle Heiligen, ihre Verdienste und Vorzüge für sie dem Herrn darzubringen, um so würdig vorbereitet zum Empfang des lebensspendenden Sakramentes hintreten zu können. Beim zweiten »Lobet den Herrn« bat sie ebenso die selige Jungfrau und beim dritten den Herrn Jesus. Als nun die gesegnete Jungfrau angerufen wurde, stellte sie sich vor das Angesicht der strahlenden und immer ruhig thronenden Dreifaltigkeit und brachte für Gertrud die Verdienste und Vorzüge dar, mit denen sie am Tage ihrer Aufnahme, würdiger als alle Menschen und Engel vorbereitet, Gott am besten gefiel. Dann machte sie in ihrer großen Huld der Seele gleichsam ihren Platz frei, winkte ihr zu und sagte: »Komm, meine Geliebte[95], und stehe an dieser Stelle in der ganzen Vollkommenheit der Tugenden, mit denen ich den Blick der stets verehrungswürdigen Dreifaltigkeit zu ihrem Wohlgefallen auf mich gezogen habe, damit auch du in gleicher Weise – soweit dir das möglich ist – der seligen Dreifaltigkeit gefällst.« Darüber erstaunt antwortete Gertrud in größter Demut: »Mit welchen Verdiensten, du Königin der Herrlichkeit, werde ich das können?« Diese entgegnete: »Drei Dinge werden dich dazu befähigen. Zuerst bitte darum, daß du durch die Unschuld und Reinheit, in der ich dem Sohn Gottes in meinem jungfräulichen Schoß eine ihm gefallende Wohnung bereitet habe, von jedem Sündenflecken rein wirst. Zweitens bitte darum, daß durch die tiefe Demut, durch die ich es verdient habe, mehr als alle Chöre der Engel und Heiligen erhöht zu werden, all deine Nachlässigkeiten ausgeglichen werden. Drittens bitte bei der unaussprechlichen Liebe, die mich untrennbar mit Gott verbunden hat, um den Reichtum der verschiedenen Verdienste.« Als Gertrud das andächtig tat, wurde sie plötzlich im Geiste bis in die erhabene Herrlichkeit entrückt, die ihr die Gebieterin des Himmels so gnädig gewährt hatte; und als sie an deren Stelle, mit deren Verdiensten und Vorzügen ausgestattet, vor dem Herrn der Majestät erschien, fand dieser seine größte Freude an ihr.

Auch alle Engel und Heiligen kamen hinzu und suchten ihr Ehrfurcht zu erweisen. Als dann die Schwestern zur Kommunion gingen, stand die Königin der Herrlichkeit zur Rechten einer jeden, bedeckte sie teilweise mit ihrem Mantel, der mit den Blumen ihrer Gebete geschmückt war, und sagte: »Um mein Andenken zu ehren, schau auf sie, mein liebster Sohn.« Ihre Bitte besänftigte den Herrn in wunderbarer Weise, und er hielt jeder Schwester beim Austeilen der heilbringenden Hostie freundlich das Kinn. Als Gertrud in gleicher Weise kommuniziert hatte, opferte sie dem Herrn das Sakrament zum Lob, zur Vermehrung der Freude, Herrlichkeit und Seligkeit seiner gesegneten Mutter und als Dank für die Gewährung ihrer Verdienste auf, durch die sie diese in ihrer Not unterstützt hatte; und als wollte er seiner Mutter ein Gastgeschenk reichen, sagte der Herr Jesus: »Sieh, Mutter, ich gebe dir das deinige doppelt zurück. Denn ich will ihr nicht entreißen, was du ihr aus Liebe wegen ihrer Liebe zu mir gewährt hast.«

Nach der Prozession kehrte der Konvent ins Chor zurück und sang dabei die Antiphon: »Sei gegrüßt, du Herrin der Welt, Maria!« Da schien es Gertrud, als ob die himmlischen Scharen mit ihrem herrlichen Gesang erneut den ganzen Himmel mit freudigem Jubel erfüllten; und sofort erschien die glorreiche Jungfrau und stand vor dem Altar zur Rechten ihres Sohnes, dem Konvent in strahlender Herrlichkeit zugewandt. Bei dem Wort aber: »Sei gegrüßt, du Königin der Himmel!« beugten alle Heiligen vor ihr die Knie und verehrten sie achtungsvoll als die Mutter ihres Herrn. Bei den Worten: »Sie gegrüßt, du Jungfrau der Jungfrauen!« reichte sie mit ihrer zarten Hand allen Anwesenden eine weiße Lilie, um sie so anzulocken und darin zu bestärken, das Beispiel ihrer keuschen Jungfräulichkeit nachzuahmen. Als dann gesungen wurde: »Durch dich kam unsere Erlösung«, wurde sie in ihrem Innern ganz von mütterlicher Liebe ergriffen, so daß sie sich im Übermaß der Freuden nicht mehr zurückhalten konnte und in zartester Liebe an die Brust ihres Sohnes lehnte. Bei den folgenden Worten: »Wir bitten, bitte für uns!« umschlang sie liebevoll seinen Hals, zeigte dem König der Könige und Herrn jede der Schwestern und bat für jede einzelne von ihnen.

Als dann die Antiphon »Heute ist die selige Jungfrau« erklang, wurde diese, von unermeßlicher Herrlichkeit umgeben, unter den zärtlichsten Umarmungen ihres Sohnes in das Himmelreich aufgenommen, und alle Chöre des Himmels begleiteten sie mit Beifall und Jubel. Während sie so in die himmlische Herrlichkeit einging, ergriff sie die Rechte ihres Sohnes und segnete mit ihr den ganzen Konvent. Durch diesen Segen hing über jeder Person ein goldenes Kreuz mit grünem Rand herab. Dadurch wurde, wie Gertrud erkannte, ausgedrückt, daß jeder die Wirkung dieses Segens durch frisch grünenden Glauben und festes Vertrauen auf die Mutter der Barmherzigkeit in reicherem Maße gewinnen kann.

51. Kapitel

Von der Geburt der seligen Jungfrau

Am Hochfest der Geburt der heiligen Jungfrau schien während der Antiphon zur Vesper »Sei gegrüßt, du Zier!« der Himmel geöffnet und durch den Dienst der heiligen Engel ein erhabener Thron in die Mitte des Chors gesenkt zu werden, auf dem in höchster Herrlichkeit und Ehre die berühmte Gebieterin über die Himmel Platz nahm. In ihrer wunderbaren Liebenswürdigkeit und Freundlichkeit zeigte sie sich bereit, an diesem Fest die Gebete des Konvents gnädig anzunehmen. Die heiligen Engel aber, die den Thron ehrfurchtsvoll umgaben und festhielten, erwiesen der Mutter ihres Herrn und Gottes mit Freuden diesen Festtagsdienst. Auch schloß sich die Schar der seligen Geister den beiden Chören an, die Psalmen sangen, und lobte mit ihnen durch jedes Wort ihres Gesangs die Königin der Herrlichkeit. Zugleich stand vor jeder Chorfrau ein Engel und trug in seinen Händen einen prächtigen Zweig von zartem Frühlingsgrün. Diese Zweige brachten je nach dem Grad der Andacht der Schwestern Blüten und Früchte von unterschiedlicher Farbe hervor. Am Ende trug jeder Engel seinen Zweig mit großer Freude zur Jungfrau und Mutter und umgab damit ehrfurchtsvoll ihren Thron, um so ihre einzigartige Pracht und Herrlichkeit zu vermehren. Da sagte Gertrud zu ihr: »Ach, gütige Mutter, leider verdiene ich Unwürdige es nicht, zu diesen seligen, Psalmen singenden Chören zu gehören!« Die gütige Jungfrau erwiderte ihr: »Dein guter Wille gleicht alles aus; und die fromme

Gesinnung, mit der du durch die herrlich klingende Orgel des Herzens meines lieben Sohnes in gewohnter Weise diese Vesper zu meiner Ehre begleitet hast, überragt jede körperliche Übung bei weitem. Zum Beweis stelle ich mit eigener Hand den dir zugewiesenen Zweig mit den prächtigsten Blüten und süßesten Früchten deines guten Willens vor das Angesicht der stets verehrungswürdigen Dreifaltigkeit, damit sie daran ihre höchste Freude findet.«

Während der Metten aber erkannte sie im Geist, wie die ankommenden heiligen Engel die gesammelten Blüten und Früchte der verschiedenen Absichten und Andachtsübungen des Konvents nahmen und sie in geziemender Weise der jungfräulichen Mutter darbrachten. Diese schienen um so schöner und anmutiger, je mehr sich eine Schwester angestrengt hatte, und wurden um so süßer, je reiner ihre Absichten gewesen waren. Als sie dann beim »Ehre sei dem Vater« des vierten Wechselgesangs die Allmacht des Vaters, die Weisheit des Sohnes und die Güte des Tröster-Geistes pries, der wir als Mittlerin für unser Heil eine so gnadenvolle Jungfrau verdanken, erhob sich die glorreiche Mutter, stand ehrfurchtsvoll vor der heiligen Dreifaltigkeit und bat sie demütig darum, Gertrud von der göttlichen Allmacht, Weisheit und Güte so viel an Gnaden auszuteilen, wie ein Mensch in diesem Leben aufnehmen kann. Auf diese Bitte hin neigte sich die ganze Dreifaltigkeit ihr gnädig zu und besprengte ihre Seele reich mit dem süßesten Tau überhimmlischen Segens.

Die dann folgende Antiphon »Wie schön bist du« sang Gertrud in der Person des Gottessohnes zum Lob seiner erhabenen Mutter. Dieser nahm das in seiner Freundlichkeit und Güte gnädig an, neigte zum Dank sein Haupt, ehrte sie so wieder und sprach: »Die Ehre, die du in meiner Person meiner lieben Mutter erwiesen hast, will ich dir zu geeigneter Zeit mit königlicher Hochherzigkeit und göttlicher Freigebigkeit vergelten.« Während der Antiphon »Das Geburtstagsfest ist da« hielt die Mutter des Herrn bei den Worten »Sie soll für unsere Sünden Fürsprache einlegen« ein ihr von Engeln übergebenes Blatt in der Hand, auf dem eben diese Worte mit goldenen Buchstaben geschrieben standen, und legte es ehrfurchtsvoll ihrem Sohn vor. Dieser erwiderte freundlich: »In meiner Allmacht, ehrwürdige Mutter, habe ich dir die Gewalt gegeben, die Sünden aller zu verzeihen, die andächtig deine Hilfe anrufen, ganz wie du das möchtest.«

Als aber während der Messe in der Sequenz »Sei gegrüßt, du heller Meeresstern« die Worte gesungen wurden: »Bitte, Jungfrau, daß wir dieses Himmelsbrotes würdig werden«, wandte sich Maria mit gefalteten Händen und heiteren Blicken an ihren Sohn und bat für die, die sie anriefen. Auf ihre Bitte hin stärkte der Herr alle mit dem Zeichen des heilbringenden Kreuzes, erteilte ihnen seinen göttlichen Segen und bereitete sie so darauf vor, das lebenspendende Sakrament seines Leibes und Blutes würdig zu empfangen und zu bewahren. Bei dem Vers »Höre uns, denn dein Sohn ehrt dich und schlägt dir nichts ab« erschien die glorreiche Jungfrau selbst. Sie saß neben ihrem Sohn auf dem erhabenen Thron, und Gertrud sprach sie an: »Warum, du Mutter der Barmherzigkeit, bittest du nicht für uns?« Diese entgegnete: »Ich spreche für euch mit dem Herzen zu dem Herzen meines geliebten Sohnes.« Als dann derselbe Vers wiederholt wurde, streckte die königliche Jungfrau ihre zarte

Hand nach dem Konvent aus; und als ob sie die Wünsche der Schwestern angezogen hätten, erhob sie sich zusammen mit dem Konvent und stand vor ihrem Sohn, um ihn anzuflehen. Da erhob sich auch er; und bei dem folgenden Vers »Jesus, rette uns, für die dich deine jungfräuliche Mutter bittet« beugte er in seiner Güte die Knie vor dem Konvent und sagte: »Ich bin bereit, mich all euren Wünschen zuzuneigen.«

Während der Komplet klagte Gertrud beim »Salve Regina«[96)] dem Herrn, daß sie in ihrer Nachlässigkeit nie seiner Mutter mit der schuldigen Ehrfurcht gedient habe, und bat ihn, dafür einen Ausgleich zu schaffen. Als sie dann versuchte, dieselbe Antiphon durch das Herz Jesu mit größter Andacht zu singen, ließ der Herr sofort so viele goldene Röhrchen von seinem Herzen zum Herzen seiner jungfräulichen Mutter ausgehen, wie es Dienste gab, die ihr Gertrud hätte erweisen wollen. Durch diese Röhrchen vernahm sie den Widerhall der innigen kindlichen Liebe, die der Herr Jesus stets für seine Mutter empfindet; und dadurch wurden alle Nachlässigkeiten Gertruds ausgeglichen.

Als sie mit den Worten »Wohlan denn, unsere Fürsprecherin« die gütige und erhabene Mutter um ihre Hilfe anrief, schien sich diese, wie von starken Strikken gezogen, ihr zuzuneigen. Daran erkannte sie, daß sie in ihrer mütterlichen Güte dann, wenn sie jemand andächtig als seine Fürsprecherin anruft, gar nicht anders kann, als seine Bitten zu erfüllen. Bei den Worten »Wende deine barmherzigen Augen uns zu« faßte die selige Jungfrau ihren Sohn freundlich am Kinn, lenkte seinen Blick zur Erde und sagte: »Das sind meine barmherzigen Augen, die ich allen zuwenden kann, die mich anrufen und dadurch die überreiche Frucht des ewigen Heils erlangen.« Darauf belehrte sie der Herr, sie solle wenigstens einmal am Tag seine Mutter mit den Worten anrufen: »Wohlan denn, unsere Fürsprecherin« und »Wende deine barmherzigen Augen uns zu.« Dann werde sie mit Sicherheit in ihrer Todesstunde großen Trost empfangen.

Dann opferte sie der seligen Jungfrau 150 Ave Maria auf, die sie zu ihrer Ehre verrichtete, und bat sie darum, ihr in der Todestunde mit mütterlicher Liebe beizustehen. Und siehe, alle Worte, die sie sprach, wurden in Gestalt von Goldstücken vor den Stuhl des Richters gebracht, der sie seiner Mutter anvertraute. Diese bewahrte sie als treue Verwalterin zum Fortschritt und Trost ihrer Seele in liebevoller Sorge auf, um ihr beim Verlassen dieser Welt für die einzelnen Aufopferungen besondere Tröstungen und sicheren Schutz bei dem strengen Richter zu erlangen. Ferner erkannte sie, daß Gebete, die jemand am Ende seines Lebens der besonderen Fürsprache eines Heiligen empfiehlt, sofort vor den Stuhl des Richters gebracht werden und daß der Heilige, dem sie anvertraut werden, von Gott als Sachverwalter darüber eingesetzt wird, um aus ihnen seinen Verehrern Gnadengüter zuzuwenden.

52. Kapitel

Von der Würde des heiligen Kreuzes

Als sich Gertrud am Fest Kreuzerhöhung ehrfürchtig vor dem heiligen Holz verneigte, sprach der Herr zu ihr: »Bedenke, daß ich nicht länger als von der sechsten Stunde bis zur Vesper am Kreuz hing und es dafür mit so großer Ehre erhöht habe. Danach überlege, mit welchen Wohltaten ich die Herzen belohnen will, in denen ich schon so viele Jahre ruhe.« Da entgegnete sie: »Ach, Herr, leider habe ich dir in meinem Herzen nur geringe Freuden ermöglicht!« Dieser erwiderte: »Welche Freuden hatte ich denn am Kreuzesholz? Doch meine unverdiente Güte, in der ich es vor anderem erwählt habe, veranlaßt mich, es zu ehren. Ebenso werde ich auch einen von mir Erwählten aus eigenem Antrieb mit meiner Güte belohnen.«

In der Messe dann unterwies sie der Herr mit diesen Worten: »Betrachte, welches Beispiel ich meinen Auserwählten durch diese Verherrlichung des Kreuzes gebe. Denn weit mehr als alle anderen Gegenstände, die mir in meinem menschlichen Dasein zu meinem körperlichen Wohlbefinden dienten – wie zum Beispiel das Gefäß, in dem ich in meiner Kindheit gebadet wurde, und ähnliches – habe ich mein Kreuz, die Dornenkrone, die Lanze und die Nägel geehrt, die dazu dienten, mir Schmerzen zuzufügen. Deshalb möchte ich auch, daß meine Freunde mich darin nachahmen, daß sie um meiner Ehre und um ihres eigenen Heiles willen ihre Feinde mehr lieben als ihre Wohltäter, weil ihnen das einen unvergleichlich größeren Gewinn bringen wird. Wenn sie es aber aus menschlicher Schwachheit unterlassen, auf die erlittenen Feindseligkeiten sofort mit Wohltaten zu antworten, dann würde es mir doch ein lobenswertes und annehmbares Opfer sein, wenn sie sich eine Weile danach bemühten, die Feindseligkeiten mit Wohltaten zu vergelten, so wie das Kreuz meines Leidens eine Zeitlang in der Erde verborgen lag und nachher erhöht wurde.« Er fügte hinzu: »Auch aus Liebe zum menschlichen Heil schätze und achte ich das Kreuz besonders, weil ich damit die mit allen Kräften ersehnte Erlösung des Menschengeschlechts bewirkt habe, so wie fromme Menschen manchmal mit größerer Liebe an die Orte oder Tage denken, an denen sie größere geistliche Gnadengüter empfingen.«

Als Gertrud dann tief bewegt sich danach sehnte, einige Splitter von dem Holze zu erwerben, das dem Herrn so teuer war, um durch ihre Verehrung von ihm noch liebevoller angesehen zu werden, antwortete er: »Wenn du Reliquien haben willst, die mein Herz zu ihrem Besitzer auf das wirksamste hinziehen können, dann lies den Text meiner Leidensgeschichte genau durch und überlege dabei sorgfältig, welche Worte ich mit größerer Liebe gesprochen habe. Schreibe diese ab, bewahre sie anstelle von Reliquien auf, denke öfter darüber nach und sei gewiß, daß du dadurch meine Gnade am besten verdienen wirst, mehr als durch andere Reliquien. Davon könnte dich schon die Vernunft überzeugen, selbst wenn ich dich mit meiner Eingebung nicht belehrt hätte. Denn wenn jemand einen Freund an die frühere Freundschaft erinnern will, sagt er eher: ›Erinnere dich an die Liebe, die du in deinem Herzen fühltest, als du dieses oder jenes Wort sprachst!‹ als

›Erinnere dich an die Liebe, die du fühltest, als du an dieser Stelle saßest oder jene Kleider trugst!‹ Deshalb kannst du auch glauben, daß die würdigsten Reliquien, die man auf Erden von mir haben kann, die süßesten Liebesworte meines gütigsten Herzens sind.« Dann rief sie die Hilfe des Herrn an, um an diesem Tage das durch die Regel vorgeschriebene Fasten zu beginnen, das die Ordensleute während der Hälfte des Jahres halten. Der Herr antwortete ihr huldvoll: »Wer im Eifer für die Ordensregel sich freiwillig aus Liebe zu mir anbietet, das Ordensfasten zu beachten, und dabei nicht seine eigene, sondern meine Ehre sucht, dem rechne ich das – obwohl ich eure Güter nicht benötige – so hoch an, wie das ein Kaiser bei seinem treuen Fürsten tun würde, wenn dieser ihm anböte, ihn täglich auf eigene Kosten an seinem Tisch auf das reichlichste zu bewirten. Wenn aber jemand im Laufe der Zeit allein aus Gehorsam und Notwendigkeit das strenge Fasten mildert, das aber nur widerstrebend tut, weil er aus Liebe zu mir zwar gern fasten würde, sich aber trotzdem um meinetwillen seinem Vorgesetzten freundlich unterwirft in Vereinigung mit der Demut, in der ich mich auf Erden zum Lobe meines Vaters den Menschen untergeordnet habe, dann nehme ich das ebenso an, wie ein Freund es von seinem liebsten Freunde annehmen würde, wenn dieser ihn an seinem köstlich gedeckten Tisch sich neben ihn setzen ließe und sagte, er würde nur nach ihm den ersten Bissen kosten. Wenn aber jemand aus Eifer für strenges Fasten dem Gebot seines Vorgesetzten widerspricht, danach jedoch bei sich selbst einkehrt, Reue empfindet und den Vorsatz faßt, sich zu bessern, dann verzeihe ich ihm das ebenso gnädig, wie es ein Kaiser im Krieg seinem treuen Fürsten verzeihen würde, wenn dieser im tapferen Kampf gegen die Feinde ihn aus Versehen selbst ein wenig, aber ohne großen Schaden verletzen würde. Ebenfalls am Fest Kreuzerhöhung opferte sie während der Messe bei der Erhebung des Kelches dem Herrn eine Unannehmlichkeit auf, die dem Konvent zugestoßen war, und erhielt darauf die Antwort: »Ich werde diesen Kelch trinken. Ja, ganz gewiß werde ich diesen Kelch trinken. Denn die Glut eurer Andacht und Wünsche hat ihn mir so sehr versüßt, daß ich nicht aufhören kann zu trinken, bis ihr mich berauscht und zur Erfüllung aller Gebete bereit findet, sooft ihr mir diesen Kelch reicht.« Als sie dann sagte: »Wie können wir, Herr, ihn dir reichen?«, wurde sie in dieser Weise belehrt: »Wenn jemand die Not, die ihn bedrückt, dem Herrn zum ewigen Lob aufopfert, seinen Mangel an Sehnsucht nach Gott bereut und sich vornimmt, gern in seinem Herzen all die Qual zu tragen, die je ein Mensch aus Sehnsucht nach dem Leib des Herrn empfinden konnte, sogar bis zum Tode, dann reicht er dem Herrn, seinem Gott, im Kelch einen Trank, der ihm süßer als Nektar und duftender als Balsam ist.«

In ähnlicher Weise kann jemand tun, wenn er an der Kommunion oder einem anderen Dienste Gottes gehindert ist, und sprechen: »Du Strom des lebensspendenden Wassers! Du Würzgeruch und Wohlgeschmack der göttlichen Süßigkeit! Du höchste Wonne und Seligkeit! Siehe, ich biete dir in deiner Fülle den kleinen Tropfen meiner Armut an, in der es mich viel zu wenig schmerzt und schmerzen wird, daß ich meine Seele von deinem stets lockenden Mahle fernhalte und so leider durch eigene Schuld deiner Gnade den Weg versperre. Mein

Schöpfer und Erneuerer! Du allein kannst zu deiner Ehre auch das Unmöglichste vollbringen. So gewähre meinem Herzen, mit dir in folgendem Wunsche übereinzustimmen: Alle Sehnsuchtsqual, die ein Menschenherz vom Anfang der Welt bis zu ihrem Ende in deiner Liebe erlitten hat, möchte ich bis zu meinem Tode gern in mich aufnehmen, um dir meine Seele als um so würdigere Stätte anzubieten und außerdem zu sühnen, daß deine so grenzenlos erhabene Gnade so oft Undankbaren und Unwürdigen zuteil wird.«

58. Kapitel

Vom Fest der Kirchweihe

Als am Kirchweihfest in den Metten die Worte gelesen wurden: »Die Königin von Saba kam zum König Salomo« und »Mit den Edelsteinen der Tugenden«[97], sprach Gertrud zerknirschten Herzens zum Herrn: »Ach, gütigster Gott, wie kann ich Geringe zu dir kommen, da ich auch nicht eine Spur von Tugend an mir entdecke?« Der Herr entgegnete: »Weißt du, daß du manchmal durch verschiedene Verleumdungen belästigt wirst?« Sie erwiderte: »Ich weiß, Herr, daß ich leider durch eigenes Verschulden oft meinen Nächsten Grund zum Anstoß gebe.« Da sprach der Herr: »So nimm die einzelnen Worte der Verleumder als Tugenden an, komm, mit ihnen geschmückt, zu mir, und ich will dich aus Mitleid und Liebe gütig aufnehmen; und je mehr dein Lebenswandel zu Unrecht angegriffen wird, desto mehr wendet sich dir mein Herz in Liebe zu, weil du mir dadurch ganz ähnlich wirst. Denn auch ich hatte stets mit Leuten zu tun, die meine Werke falsch darstellten.«

Beim Wechselgesang »Segne« führte sie der Herr zu einer unsagbar wunderbaren Stätte, nämlich in das Herz Jesu Christi, das wie ein Haus vorbereitet war, in dem das Kirchweihfest gefeiert werden sollte. Als sie es betreten hatte, sagte sie vor Entzücken zum Herrn: »Wenn du mich im Geiste zu einer Stelle geführt hättest, wo deine Füße gestanden haben[98)], so wäre das für mich mehr als genug. Was aber soll ich dir angesichts der staunenswerten Huld erwidern, die du mir nun erweist?« Der Herr antwortete: »Weil du dich bemühst, mir den wertvollsten Teil deines Wesens, dein Herz, öfter anzubieten[99)], halte auch ich es für angemessen, dir statt jeder anderen Freude mein Herz zu schenken, weil ich dir Gott bin über alles und in allem[100)], Kraft, Leben, Wissen, Nahrung, Kleidung und alles andere, was sich eine fromme Seele wünschen kann. Da sagte sie: »Daß einmal mein Herz in einem Stück mit dir übereinstimmen konnte, das war dein Geschenk.« Der Herr erwiderte: »Es gehört zu meinem Wesen, dem den Lohn der Seligkeiten zu gewähren, dem ich vorher die Segnungen meiner Süßigkeiten zukommen ließ; und wenn jemand mit mir mitwirkt, damit ich ihn nach dem Wunsche meines Herzens an mich angleiche, dann muß auch ich das umgekehrt genauso tun.«

Während sie diese Freuden empfand, erschien ihr die göttliche Schatzkammer. Sie war ganz aus gehauenen verschiedenfarbenen Edelsteinen erbaut, die anstelle von Mörtel mit goldenem Kitt aneinandergefügt waren. Als sie genauer hinschaute, erblickte sie einen wunderbar schimmernden Glanz. Daran erkannte sie, wie in der künftigen Seligkeit allen Auserwählten ihr geistlicher Gnadenschmuck tiefes Glück gewähren wird. Denn die erwähnte Aneinanderfügung der Edelsteine im göttlichen Herzen bedeutete die Vorherbestimmung aller Auserwählten und ihre Verpflichtung, einander zu ertragen, so wie an einer Mauer ein Stein den anderen stützt. Der goldene Kitt aber drückte aus, daß das in reiner Absicht aus Liebe zu Gott geschehen muß. Ein andermal trat sie an der Vigil des Kirchweihfestes – wie die Königin Esther durch die Hilfe des Herrn mit den königlichen Gewändern[101)] geistlicher Übungen geschmückt – zu ihm, dem König der Könige, um ihn für ihr Volk[102)], das heißt die Kirche, zu bitten. Da nahm sie der wahre Xerxes so freundlich auf, daß sie meinte, in das Heiligtum seines Herzens eingelassen zu sein, und sagte liebevoll zu ihr: »Siehe, ich übergebe dir den ganzen Reichtum der Süßigkeit meines göttlichen Herzens, von dem du allen freigebig austeilen kannst, so viel du willst.« Da schöpfte Gertrud gewissermaßen mit der Hand aus dem Herzen des Herrn und besprengte damit die vielen Feinde, die damals das Kloster mit ihren Drohungen beunruhigten. Als das geschehen war, bemerkte sie, daß jeder, den nur ein Tröpfchen davon benetzt hatte, zerknirscht in sich ging und wahre Buße für sein Heil verrichtete. Danach betete sie besonders inbrünstig für eine Person; und es schien ihr, daß sie ein gutes Maß aus dem Herzen des Herrn schöpfte und ihr ins Herz goß. Es wurde aber sofort nach dem Empfang in Bitterkeit verwandelt. Als sie sich darüber wunderte, belehrte sie der Herr so: »Wenn jemand seinem Freund Geld gibt, so steht es dem Empfänger frei, sich damit anzuschaffen, was er will. Obwohl man nun für denselben Preis süße oder bittere Früchte kaufen kann, ziehen manche Leute trotzdem die bitteren vor, weil sie ihnen haltbarer scheinen. Wenn ich nun auf Grund der Bitten meiner Auserwählten jemandem Gnade eingieße, so wirkt sie in ihm, wie es seinem Willen am meisten entspricht. Für manche nämlich ist es besser, in diesem Leben in verschiedene Bedrängnisse zu geraten, als sich über angenehme Tröstungen zu freuen. Wenn ich ihnen nun meine Gnade eingieße, dann verwandelt sich diese in bitteres Leiden und Bedrängnisse. Doch werden sie dadurch für meine Gnade immer aufnahmefähiger, wie es meinem göttlichen Herzen am besten gefällt. Zwar bleibt ihnen das jetzt verborgen; aber in Zukunft werden sie es um so angenehmer erfahren, je treuer sie hier aus Liebe zu mir alle Widerwärtigkeiten geduldig ertragen haben.« Als während der Metten der Wechselgesang »Ich sah die heilige Stadt«[103] erklang, erinnerte sie der Herr an ein Wort, das sie selber den Menschen öfter zu sagen pflegte, um in ihnen Gottvertrauen zu erwecken, und sprach zu ihr: »Damit du größere Gewißheit erlangst, will ich dir jetzt zeigen, wie sehr ich es schätze, wenn eine gläubige Seele nach einer Übertretung wieder Mut bekommt und zu mir reuevoll mit dem Vorsatz zurückkehrt, sich in Zukunft mit meiner Hilfe im Rahmen ihrer Kräfte in Acht zu nehmen.« Bei diesen Worten trat der Sohn des höchsten Königs, mit den Ehrenzeichen der Herrscherwürde geschmückt, vor den erhabenen Thron Gott Vaters und sang mit seiner laut schallenden, herrlichen Stimme dasselbe Responsorium: »Ich sah die heilige Stadt Jerusalem.« Daraus erkannte sie die unschätzbare Freude, die das göttliche Herz erfüllt, wenn jemand mit Trauer überdenkt, daß er durch Abschweifung des Herzens, unbedachte Worte oder unnütze Taten vor dem Herrn, seinem Gott, zurückgewichen ist, der ihm ständig Wohltaten erweist, ihn begleitet und sehnsüchtig wünscht, daß er sich in Zukunft davor hütet. Sooft das geschieht, singt der Sohn Gottes seinem Vater voll Freude dasselbe Lied.

Die Worte »Seht, die Wohnung Gottes unter den Menschen«[104)] gaben ihr die Erkenntnis, daß derjenige, der reuevoll den festen Entschluß faßt, sich in Zukunft zu bessern und eifrig gute Werke zu vollbringen, tatsächlich Wohnung Gottes wird, in der der Herr der Majestät, der Bräutigam der liebenden Seele, wie in seinem eigenen Hause wohnen will, er, der gepriesen wird in Ewigkeit.

Dann erteilte Gott Vater mit seiner ehrwürdigen Hand den Segen und sprach: »Seht, ich mache alles neu.«[105)] Dadurch deutete er an, daß durch eine solche Reue, den göttlichen Segen und den hochheiligen Lebenswandel des Gottessohnes alles Vernachlässigte ersetzt und erneuert wird. Deshalb heißt es auch, daß im Himmel mehr Freude über einen einzigen Sünder herrschen wird, der umkehrt, als über 99 Gerechte, die es nicht nötig haben umzukehren.[106)] Der Herr fügte noch hinzu: »Wenn ich eine gläubige Seele durch den Abschluß des irdischen Lebens zum Himmelspalast führe, dann gewähre ich ihr auf diesem wunderbaren Weg neben anderen Freuden auch die, daß ich ihr als Eintrittslied singe: ›Ich sah die heilige Stadt, das neue Jerusalem[107)], von der Erde aufsteigen.‹ Bei den Worten ›Ich mache alles neu‹ gieße ich ihr in einem einzigen Augenblick sämtliche Freuden ein, die ich und alle himmlischen Scharen in den verschiedenen Stunden über ihre Reue empfunden haben.«

Anmerkungen

I. BUCH

1 Röm 11,33.
2 Vgl. Hld 6,1f.
3 Der Eintritt Gertruds ins Kloster fällt in das Jahr 1261.
4 Gal 1,15.
5 S. 2. Buch, Kap. 1.
6 Ps 48,3.
7 Eph 4,24.
8 Ps 119, 103.
9 Ps 19,11.
10 Spr 31,30.
11 Sir 50,1 und 3.
12 Vgl. Apg 6,10.
13 Hebr 4,12.
14 Joh 3,8.
15 Est 4,17c.
16 Sir 1,3.
17 Dtn 19,15; Mt 18,16.
18 Kaiser Rudolf von Habsburg starb im Jahre 1291. Zu seinem Nachfolger wurde Adolf von Nassau in Frankfurt am 5. oder 7. Mai 1292 gewählt, aber von der Hand seines Mitbewerbers und *Nachfolgers* Albrecht von Österreich in der Schlacht bei Göllheim unweit von Worms am 2. Juli 1298 getötet.
19 Joh 14,12.
20 Mt 9,20; Lk 8,44.
21 »Frau« war lange Zeit die in Klöstern übliche Anrede für Nonnen. Hier handelt es sich um die heilige Mechthild, die das »Buch besonderer Gnade« verfaßte.
22 Ijob 7,17.

23 Vgl. Lk 10,27; Mt 22,37;39; Mk 12,30f.
24 Elektrum = »Glanzerz«, ein durch Vermischung von Gold und Silber bereitetes Metall von bernsteinartiger Farbe (vier Fünftel Gold, ein Fünftel Silber).
25 Hier wird an die im Altertum und Mittelalter verbreitete Ansicht angeknüpft, die Taube besitze keine Galle, und zwar als einziges Tier. Deshalb kommt ihr in der Heiligen Schrift auch eine besondere Bedeutung zu.
26 Joh 7,18.
27 Spr 28,1.
28 Phil 3,20.
29 Spr 12,33 nach der Übertragung der Septuaginta.
30 Jes 66,1.
31 Joh 14,23.
32 Ps 22,4.
33 Eph 3,17.
34 2 Kor 6,16.
35 Eph 2,21.
36 Ps 132,14.
37 Homilie auf die Vigil des hl. Johannes des Täufers; PL 94,208.
38 Bernhard: In cant. 57,9; PL 183, 1054.
39 Gregor: Homilie zu Ezechiel 30; PL 76, 932.
40 Ps 45,3.
41 Mt 25,21.
42 Hld 2,3.
43 Ps 1,3.
44 S. Kap. 5.
45 Mor. in Job 36.
46 Brief 125 an den Mönch Rustikus; PL 22, 1078.
47 Mt 5,8.
48 Augustinus, Epist. 147; PL 33, 596.
49 Röm 8,28.
50 Ps 45,10.
51 1 Tim 1,17.
52 Spr 28,1.
53 Jes 40,17.

54 Ebd. 40,15.
55 Lk 18,14.
56 Ps 7,10.
57 Mor in Job 36.
58 Jes 6,1.
59 Mt 25,40.
60 Regel des hl. Benedikt, Kap. 64.
61 2. Antiphon zur Vesper vom 15. 8.
62 Aus der Sequenz »Coeli narrant«.
63 Koh 12,11. (Der Text lautet eigentlich: »Worte von Gelehrten sind wie Ochsenstecken, Sprüche aus Sammlungen aber sitzen wie eingetriebene Nägel.«)
64 Vgl. Ps 63,12.
65 Mt 16,19.
66 Vgl. Jer 1,9 und Dtn 18,18.
67 Dan 3,39.
68 Gen 18,27.
69 Der Altar galt als Asylstätte, und der Betreffende war dadurch der menschlichen Verfolgung entzogen. Vgl. dazu 1 Kön 1,50.
70 Ez 3,20 nach der Übertragung der Vulgata.
71 Mt 18,15.
72 Mk 9,41.
73 Hugo von St. Viktor: Von der geistlichen Arche, Buch 4, Kap. 3 (De arca morali, 4,3; PL 176, 668).
74 1 Joh 5,7.
75 Ps 93,5.
76 1 Kön 19,12.
77 Etymologisches Wortspiel; im lateinischen Text steht: »Mansuetudo ... nomen accepit a commanendo.«
78 Ähnliches (aber sprachwissenschaftlich nicht haltbares) Wortspiel: »patientia ... nomen accepit a pace et scientia«.
79 Bernhard: Zum Hohenlied 24,8.

II. BUCH

1 Vgl. Ps 42,8.
2 Augustinus: Bekenntnisse 9,1.
3 Gen 50,21 nach dem Text der Vulgata.
4 Gen 11.
5 Ps 50,23.
6 Responsorium des 2. Adventssonntags; vgl. Mi 4,9.
7 Vgl. Ps 7,2.
8 Vgl. Ps 72,9.
9 Vgl. Ps 36,9.
10 Kol 2,14.
11 Hld 1,3.
12 Mt 11,30.
13 Ps 27,1.
14 Est 4,17c und Sir 1,3.
15 Ps 21,4.
16 Jes 58,9.
17 Lk 1,78.
18 Aus der Sequenz »Veni, Sancte Spiritus« (Komm, Heiliger Geist).
19 Vgl. Ps 55,7.
20 Joh 14,23.
21 Ex 7,17.
22 Vgl. Jes 1,25.
23 Vgl. Ps 51,14.
24 Sir 24,20.
25 Ps 33, 6–9.
26 Ps 103.
27 Hld 2,14.
28 Am 3. Adventssonntag.
29 Phil 4,4.
30 Mt 8,8.
31 Kol 1,19.
32 ebd. 3,1.
33 Gen 2,23.

34 Dan 13,42.
35 Aus der Sequenz »Veni, Sancte Spiritus«.
36 Vgl. Röm 11,33.
37 1 Kor 6,17.
38 2. Responsorium von Weihnachten.
39 Vgl. Ri 6,37.
40 Jak 1,17.
41 1 Kor 15,28.
42 Hebr 1,3.
43 Ps 77,11.
44 1 Tim 2,5.
45 Vgl. Ps 22,15.
46 Kol 2,9.
47 Vgl. Ps 120,4.
48 Dtn 4,24.
49 Apg 3,12.
50 Gen 1,26; Kol 3,10.
51 Vgl. Dan 3.
52 Vgl. Jes 1,25.
53 Gen 26,3.
54 Tit 3,5.
55 1 Joh 4.
56 Röm 1,20.
57 Vgl. Gen 2,15.
58 Vgl. Ps 24,4.
59 1 Kor 13,1.
60 Ps 91,15.
61 Offb 22,1.
62 Mt 5,26.
63 Ps 21,4.
64 Ijob 9,3.
65 Vgl. Joh 4,7.
66 1 Kor 10,13.
67 Vgl. Lk 2,8 und 2,16.
68 Wende dein Ohr mir zu, erlöse mich bald; Ps 31,3, Introitus des Sonntags Quinquagesima.
69 Vgl. Ps 38,10.
70 Röm 9,3.

71 Vgl. Lk 2,7.
72 Die erste der drei Messen an Weihnachten.
73 Mt 17,5.
74 Lk 2,7.
75 Vgl. Ps 103,1.
76 Röm 4,17.
77 Mt 22.
78 Sequenz »Ave Maria«.
79 Offizium der heiligen Agnes.
80 Dtn 4,24; Hebr 12,29.
81 Koh 1,2.
82 Vgl. Mt 3,17.
83 Jes 53,12.
84 Vgl. 1 Thess 2,19.
85 Ps 36,9.
86 Vgl. 1 Kor 11,29.
87 Vgl. Ps 113,6.
88 Lk 6,38.
89 Vgl. Ps 35,13.
90 Vgl. Ps 25,7.
91 1 Kor 5,8.
92 Augustinus: Bekenntnisse 2,6.
93 Phil 2,10.
94 Vgl. Mt 12,38.
95 Lk 15,11–32.
96 Vgl. Ex 33,11 und 20.
97 Bernhard: Zum Hohenlied 31,6.
98 1 Kor 4,13.
99 Ps 103,1f.
100 Lk 2,7.
101 Mt 27,50.
102 So in einem dem heiligen Ambrosius zugeschriebenen Hymnus.
103 2 Kor 1,3.
104 Jer 29,11.
105 1 Joh 2,8.
106 Vgl. dazu Est 1,5–8 und 5,1–8.
107 Mk 6,23.

108 Phil 2,10.
109 Hymnus »Creator alme siderum«.
110 Wörtlich: Zwiebeln und Knoblauch.
111 Augustinus: Bekenntnisse 8,10.
112 Vgl. Ps 116,11; Röm 3,4.
113 Jer 18,20.
114 Vgl. Ps 38,9.
115 Phil 2,10.
116 Vgl. Spr 24,12.
117 Vgl. Mt 25,14–30.
118 Augustinus: Bekenntnisse 2,1.
119 Vgl. Offb 2,17.
120 2 Kor 3,18.
121 Offb 8,3f.

III. BUCH

1 Der Hymnus wurde nach den Laudes (= Lobgebete; Teil des Chorgebets) und Antiphonen (= Wechselgesänge) der drei Tage vor Ostern gesungen.
2 Hymnus auf den Namen Jesu, PL 184,1318.
3 Herr, erbarme dich.
4 Vgl. Est 5,3.
5 Ijob 1,6.

IV. BUCH

1 Quinquagesima; Ps 31,3.
2 Gemeint sind die drei Faschingstage vor Aschermittwoch.

3 Ps 117.
4 Jes 53,2 und 4 nach der Übersetzung der Vulgata.
5 Das Evangelium des Sonntags Quinquagesima (Lk 18,31ff.) enthält die Vorhersage Christi über sein Leiden.
6 1 Kor 13,1–13.
7 Ps 31,3f.
8 Vgl. II. Buch, 14. Kap.
9 Die Klagelieder oder Lamentationen werden in der ersten Nokturn der drei letzten Kartage gebetet.
10 Jesus Christus ... Herr, erbarme dich.
11 Christus, erbarme dich.
12 Hymnus »Rex Christe factor omnium«, PL 78, 850–852.
13 Laudes = Lobgebete; Teil des Chorgebets; vgl. III. Buch, Anm. 1.
14 Jes 53,7 nach dem Text der Vulgata.
15 Joh 13,1–15.
16 Ebd. 13,5.
17 Vgl. Gen 1,26 nach dem Text der Vulgata.
18 Vgl. 1 Kor 1,24.
19 Heute: Gabengebet.
20 Hebr 1,3.
21 Ps 68,28 nach dem Text der Vulgata: Ibi Benjamin adolescentulus, in mentis excessu – Dort ist Benjamin, der Jüngste, in Geistesentzückung.
22 1 Joh 4,8.
23 Ebd. 4,12.
24 Hld 1,10.
25 Bernhard: Zum Hohenlied 41,3f.
26 Mt 27,2.
27 Joh 19,28.
28 Ebd. 19,38.
29 Die erste Stunde des Tages beginnt um 6.00 Uhr.
30 Offb 17,14; 19,16.
31 Teil des Chorgebets: der vom Chor jeweils zu wiederholende Eingangsvers vor der ersten Nokturn der Metten.
32 Vgl. Ps 45,3.

33 Vgl. Lk 7,13.
34 Vgl. 1 Joh 4,8.
35 Mt 25,36.
36 Ebd. 25,40.
37 Ps 28.
38 Ps 28,9.
39 Vgl. Kol 1,19.
40 Vgl. Est 5,2f.
41 Vgl. Rut 3,9.
42 Ps 66,1f.
43 Lk 24,50.
44 Vgl. Mt 25,34.
45 Ps 45,3.
46 Ps 24,7ff.
47 Die am häufigsten bei den Propheten vorkommende Bezeichnung Gottes.
48 Mt 28,20.
49 Joh 14,18.
50 Mk 16; Lk 24; Joh 21.
51 Antiphon der Vesper von Christi Himmelfahrt (Elevatis manibus benedixit eis et ferebatur in caelum, alleluja – Mit erhobenen Händen segnete er sie und wurde in den Himmel aufgenommen, alleluja).
52 Joh 14,27.
53 Apg 1,8.
54 2 Kor 1,3.
55 Spr 8,31.
56 Vgl. Jes 11,2f.
57 Vgl. Lk 3,22.
58 Teil des Chorgebets.
59 Die Übersetzung des »Veni, Creator Spiritus« folgt der Übertragung Heinrich Bones, Gotteslob Nr. 245.
60 Apg 1,8.
61 Aus dem Chorgebet am Dreifaltigkeitsfest.
62 Vgl. Joh 14,28.
63 Hld 1,1.
64 Mt 3,17; 17,5.
65 In alten Brevieren die fünfte Antiphon zu den Laudes:

Dich preisen mit Recht, dich beten an, dich verherrlichen alle deine Geschöpfe, o glückselige Dreifaltigkeit.

66 Lk 1,28.

66a Teil des Chorgebets.

67 Introitus der Messe der Vigil von Mariä Himmelfahrt, Ps 45,13: Deine Gunst begehren die Edlen des Volkes.

67a Teil des Chorgebets.

68 1 Kor 6,17.

69 Vgl. Ps 71,16.

70 Hld 4,7.

71 Ebd. 6,10.

72 Vgl. ebd. 4,1.

73 Lobgesang Marias: Meine Seele preist die Größe des Herrn. Lk 1,46–55 – Lobgesang der Vesper.

74 Lk 1,78 – Benedictus (Lobgesang des Zacharias) – Lobgesang der Laudes.

75 Mehr als Gesundheit und Schönheit liebte ich sie (Weish 7,10).

76 Dich, Gott, loben wir.

77 Ps 68,6.

78 Sir 39,17.

79 Ebd. 39,19.
Anmerkungen 78 und 79 nach dem Text der Vulgata. Das entspricht den Versen 13 und 14 der deutschen Einheitsübersetzung. Die unterschiedliche Verszählung kommt wohl dadurch zustande, daß schon früh verschiedene Textformen des Buches Jesus Sirach im Umlauf waren.

80 Jes 61,10.

81 Ebd. 62,4.
Anmerkungen 80 und 81 nach dem Text der Vulgata.
Bei den Anmerkungen 78–81 werden Schriftstellen aus den Büchern Jesus Sirach und Jesaja zitiert, die in der 3. Nokturn der Muttergottesfeste als sog. Cantica anstelle der Psalmen gesungen werden. Wir können so nachzeichnen, wie Gertrud das Stundengebet mitvollzogen hat. Die Texte lauten im Brevier so:

Sir 39,17–21 1. Canticum:
Obaudite me, divini fructus,
et quasi rosa plantata super rivos aquarum fructificate.
Quasi Libanus odorem suavitatis habete.
Florete, flores, quasi lilium, et date odorem,
et frondete in gratiam et collaudate canticum,
et benedicite Dominum in operibus suis.
Date nomini ei magnificentiam, et confitemini
in voce labiorum vestrorum
et in canticis labiorum et citharis.
Et sic dicetis in confessione:
Opera Domini universa bona valde.
Hört auf mich, ihr Kinder Gottes! und bringet Frucht
gleich der Rose, die an Wasserbächen gepflanzt
ist.
Duftet Wohlgeruch wie der Libanon.
Treibet Blüten wie die Lilie, duftet Wohlgeruch,
und grünet zum Ergötzen; stimmet ein Loblied an,
und preiset den Herrn ob seiner Werke.
Verherrlicht seinen Namen, und preiset ihn mit der
Stimme eurer Lippen,
mit Lobgesängen der Lippen und mit Cithern,
und sprechet im Lobpreise also:
Alle Werke des Herrn sind sehr gut.
(Gen 1,31; Mk 7,37)

Jes 61,10 (und 62,1–3) 2. Canticum:
Gaudens gaubedo in Domino, et exultabit anima mea
in Deo meo:
qui induit me vestimentis salutis, et indumento
iustitiae circumdedit me,
quasi sponsum decoratum corona et quasi sponsam
ornatam monilibus suis.
Sicut enim terra profert germen suum et sicut hortus
semen suum germinat,
sic Dominus Deus germinabit iustitiam et laudem
tuam universis gentibus.

Ich freue mich und bin fröhlich in dem Herrn, und meine Seele frohlockt in meinem Gott;
denn er hat mich mit den Gewändern des Heiles bekleidet und mich angetan mit dem Gewande der Gerechtigkeit,
wie einen Bräutigam mit der Krone geziert, wie eine Braut mit Geschmeide geschmückt.
Denn wie die Erde ihre Keime hervorbringt und der Garten seinen Samen aufgehen läßt,
so wird Gott, der Herr, Gerechtigkeit und Lobpreisung vor allen Völkern hervorsprossen lassen.

Jes 62,4 (und 5–7) 3. Canticum:
Non vocaberis ultra Derelicta: et terra tua non vocabitur amplius Desolata:
Sed vocaberis Voluptas mea in ea, et terra tua inhabitata:
Quia complacuit Domino in te:
et terra tua inhabitabitur.
Und fernerhin wirst du nicht mehr Verlassene heißen, und dein Land nicht mehr Verwünschtes,
sondern man wird dich nennen: »Meine Wonne an ihr«, und dein Land: »Das bewohnte«;
denn der Herr hat sein Wohlgefallen an dir
und dein Land wird bewohnt sein.
Ich habe die Übersetzung von Augustin Arndt übernommen.

82 Hld 6,8.

83 Vgl. Lk 1,45.

84 Ebd. 1,28.

85 Dich, Gott, loben wir. Ich zitiere nach der Übersetzung Romano Guardinis, Gotteslob Nr. 706.

86 Apg 11,5.

87 Hld 2,1.

88 Vgl. ebd. 5,2; 5,12; 4,11; 2,1.

89 Vgl. ebd. 5,15.

90 Ebd. 6,10.
91 Lk 1,48.
92 Hld 2,1.
93 Ebd. 8,5.
94 Ps 117,1.
95 Vgl. Hld 7,12.
96 Sei gegrüßt, o Königin. Ich zitiere nach der Übersetzung Heinrich Rohrs, Gotteslob Nr. 571.
97 1 Kön 10,1f. nach dem Text der Vulgata.
98 Vgl. Ps 132,7.
99 Vgl. Spr 23,26.
100 Vgl. 1 Kor 15,28.
101 Vgl. Est 5,1.
102 Vgl. ebd. 7,3.
103 Offb 21,2.
104 Ebd. 21,3.
105 Ebd. 21,5.
106 Lk 15,7.
107 Offb 21,2.

Bildnachweis:
Umschlagfoto: Romanische Krypta, Rohr bei Suhl. Foto Jürgen Pietsch, Leipzig
Urkunde: Fraternitätsbrief des Klosters Helfta (Äbtissin Jutta) für das Stift Quedlinburg aus dem Jahre 1311 (Staatsarchiv Magdeburg Rep U 9 A II Quedlinburg Nr. 69). Veröffentlicht mit der Genehmigung des Staatsarchivs Magdeburg.

Inhalt

I. BUCH

II. BUCH

III. BUCH

IV. BUCH

ISBN 3-7462-0601-4

1. Auflage 1991
Lektor: Hubertus Staudacher
Printed in Germany
Einbandgestaltung: Lore Jacobi, Leipzig
Gesamtherstellung: Graphischer Großbetrieb Pößneck GmbH
Ein Mohndruck-Betrieb